Femmes tunisiennes, *waqf* et droit de propriété à l'époque moderne

XVIIIe*-XIX*^{e} *siècles*

Histoire et Perspectives méditerranéennes
Collection dirigée par Jean-Paul Chagnollaud

Dans le cadre de cette collection, créée en 1985, les Éditions L'Harmattan se proposent de publier un ensemble de travaux concernant le monde méditerranéen des origines à nos jours.

Déjà parus

Bernard LE GORGEU, *La stratégie numérique du Maroc. Vers l'émergence d'un* hub *numérique régional ?,* 2021.
Kamal GUERROUA, *L'Algérie révoltée. Entre impasse et espoir de changement*, 2021.
Hocine MALTI, *Chroniques des années Bouteflika, (1999-2010)*, 2021
Jacques IZOULET, *Des chrétiens en Afrique du Nord (1945-1962)*, 2021.
Mustapha CHOUIKI, *La symbolique urbaine. Quelle mondialisation pour la ville maghrébine ?*, 2020.
Jacques POUS, *Henry Dunant, colon affairiste pionnier du sionisme*, 2020.
Fouad KEMACHE, *La nouvelle Algérie au défi de se transformer*, 2020.
Mohamed HARAKAT (dir.), *Etudes d'impact et politiques publiques au Maroc*, 2020.
Sofiane BOUHDIBA, *De Carthage à Lampedusa, La migration en Tunisie,* 2020.
Mohand AÏT AHMED, *La Grande Kabylie, Arabisation coloniale et histoire fragmentaire,* 2019.
Mehenni AKBAL, *Archives algériennes de la France coloniale, Réflexion sur la valeur de l'administration communale,* 2019.
Tahar KHALFOUNE (dir.), *Mélanges en l'honneur de l'historien Gilbert Meynier*, 2019.
Sofiane BOUHDIBA, *Jeunes de Tunisie*, 2019.
Chérifa SIDER, *Traumatisme psychologique et suicide en Algérie*, 2018.

Salem Salah

Femmes tunisiennes, *waqf* et droit de propriété à l'époque moderne

XVIIIe-XIXe siècles

L'Harmattan

5-7, rue de l'Ecole-Polytechnique, 75005 Paris

http://www.editions-harmattan.fr

ISBN : 978-2-343-23266-9
EAN : 9782343232669

NOTE SUR LA TRANSCRIPTION ET SUR LES ABRÉVIATIONS

Ā	ā	ا
B	b	ب
T	t	ت
Ğ	ğ	ج
Ḥ	ḥ	ح
H̱	ḥ	خ
D	d	د
Ḏ	ḏ	ذ
R	r	ر
Z	z	ز
S	s	س
Š	š	ش
Ṣ	ṣ	ص
Ḍ	ḍ	ض
Ṭ	ṭ	ط
Ẓ	ẓ	ظ
ʿ		ع
Ġ	ġ	غ
F	f	ف
Q	q	ق
K	k	ك
L	l	ل
M	m	م
N	n	ن
H	h	ه
W	w	و
Y	y	ي
T̈	ẗ	

Sigles et abréviations

Art. cit.	article cité
Op. cit.	ouvrage cité
ANT	Archives Nationales de Tunisie
B	ben
BNF	Bibliothèque Nationale de France
CRH	Centre de recherches historiques
CNRS	Centre National de la Recherche Scientifique
EHESS	École des hautes études en sciences sociales
EI	Encyclopédie de l'Islam
IBLA	Institut des belles lettres arabes
IREMAM	Institut de Recherches et d'Études sur le Monde Arabe et Musulman
TELEMMe	Temps, Espaces, Langages, Europe Méridionale – Méditerranée

Introduction générale

La question de la propriété et l'égalité dans les droits à l'héritage entre les femmes et les hommes dans le monde musulman ont fait l'objet, ces dernières années, de multiples débats et controverses. En Tunisie et aux pays du Maghreb, par exemple, cette question est toujours d'actualité[1].

L'islam, comme le judaïsme et le christianisme, est apparu dans les sociétés de la Méditerranée orientale du Moyen-Orient, où le patriarcat était particulièrement affirmé[2].

Même si le code islamique de l'héritage défavorise les femmes, il ne les exclut pas non plus de la succession. Mais, en Tunisie, le système islamique de la transmission

---

[1] En 1982, Christiane Souriau a présenté une étude intéressante sur le rapport entre les femmes, le temps et l'argent. L'occultation du rôle économique des femmes et l'économie invisible représentent le sujet central de ces recherches. Dans son Introduction au *Maghreb musulman en 1979*, l'écrivaine atteste que « la question des femmes fonctionne comme un pivot de l'histoire sociale au Maghreb ». *Le Maghreb musulman en 1979*, Éditions CNRS, 1983.
Sur ce sujet, voir aussi Monique Gardant et Michèle Kasriel, *Femmes du Maghreb au présent*, CNRS, Paris, 1990 ; Fatiha Talahite et Randi Deguilhem, « Générer l'analyse des droits des propriétés, Introduction », *Cahiers du Genre*, n° 62, L'Harmattan, 2017 ; Mathilde Dubesset, « Femmes, Féminismes, Christianisme », *Islam et laïcité*, L'Harmattan, 2007 ; Christian Lochon, Véronique Bodin, et Jean-Pierre Doumenge (éds), « Rôle et statut des femmes dans les sociétés contemporaines de tradition musulmane », Actes du colloque, Paris CHEAM, 15-16 décembre 1999.

[2] Mathilde Dubest, « Femmes, Féminismes, Christianisme », *art. cit.*, p. 20.

du patrimoine est différent. Appelé « *waqf* ou *habous* »[3], ce système permet à la femme d'être totalement exhérédée. Ce même système peut cependant et dans plusieurs cas assurer une certaine égalité entre l'homme et la femme, en dépit de certains fondateurs favorisant l'homme, surtout lorsque le *waqf* en question est établi par une femme[4].

Notre étude porte sur : *Femmes tunisiennes,* waqf *et droit de propriété à l'époque moderne (XVIIIe-XIXe siècles)*, en s'appuyant principalement sur les chartes des fondations (*les waqfiyyas*) qui sont conservées dans les fonds d'archives tunisiens. Nous aurons à montrer la forte implication des femmes et leur participation dans les échanges économiques et fonciers. Tout comme au milieu urbain où elles disposent de fortunes personnelles qui sont parfois considérables.

L'ambition de notre recherche est d'analyser, à partir de cas concrets, le fonctionnement réel du système *waqf* en Tunisie et d'étudier la place qu'il réserve aux femmes dans la circulation des biens patrimoniaux. Nous essaierons aussi de comprendre quels sont les droits des femmes : jouissent-elles des mêmes droits que les hommes dans le respect de leurs possessions, acquisitions, gestion, administration, jouissance et disposition de la propriété ? Quel rôle jouent-elles dans la société urbaine ou rurale selon les *waqfs* ?

Notre étude est basée sur environ 220 actes divers du *waqf* privé (*ahlī* ou *ḏurrī*) de certaines familles tunisoises. Ils ne sont pas tous des actes de fondation, mais ils ont été

---

3 Dans cette étude, nous utiliserons le mot *waqf* pour indiquer les fondations. Excepté dans les quelques citations où le mot *habous* est utilisé puisque l'utilisation du mot *waqf* est celle du langage du *fiqh*.

4 À lire Randi Deguilhem, "Gender Blindness and Societal Influence" in *Late Ottoman Damascus: Women who Create and Manage Pious Foundations*, *Hawwa*, Brill, 2003.

considérés comme tels, parce qu'ils servent à prouver la propriété des biens échus à l'administration des *waqfs*, qui sont susceptibles de l'être. Ces actes font partie d'un fonds de plusieurs milliers d'actes de ce genre, produits globalement entre la fin du XVIe siècle et la première moitié du XXe siècle et couvrant à peu près l'ensemble de la régence de Tunis. Ces documents ne sont versés aux Archives nationales que depuis sept ans seulement. Ils sont, comme pour les autres régions du pays, classés selon les institutions finales : mosquées, *zawiya*s, *Haramayn*, *māristāns* (hôpitaux), *madrasa*s (collèges), *sabīls* (points d'eau), ponts, etc. Ils sont classés selon l'importance de l'institution, le nombre des dossiers des documents qu'ils comportent (ils varient d'un seul à quelques dizaines de documents.)

Les actes du *waqf* des femmes ont une valeur historique, économique, financière, sociale et politique incontestable. En effet, l'institution du *waqf* offre la possibilité aux femmes de démontrer leurs talents, de profiter de leurs propres ressources, et d'en faire profiter toute la société. Plusieurs travaux de recherche ont été menés sur différentes périodes et en divers endroits du monde musulman, notamment dans le royaume ottoman. Ils ont révélé en fait que de nombreuses femmes étaient même fondatrices de *waqfs* (de 20 à 50 % selon les études)[5]. Ces femmes, qui n'étaient pas toujours riches, étaient soit issues de familles de notables ou de gouvernants, soit provenant de milieux modestes. Ces recherches attestent encore que ces femmes avaient largement accès à la propriété[6].

[5] Voir, par exemple, les travaux de Baer (1983), Fay (1997), Doumani (1998), Tucker (1998), Deguilhem (2003) et Isin Üstündağ (2008).

[6] Fatiha Talahite, Randi Deguilhem, « Générer l'analyse des droits des propriétés », *art. cit.*, p. 7.

Les fondations pieuses (*waqf* au Moyen-Orient, *habous* au Maghreb) sont, en effet, un instrument juridique de droit musulman en apparence simple, mais, en réalité, il est extrêmement complexe parce que ses finalités sont hétérogènes. En fait, elles donnent lieu à des usages très variables dans le temps et dans l'espace, ce qui remet en cause leurs fondements religieux pendant la période ottomane, puis au moment du protectorat français. Ces fondations se trouvent, de plus, au cœur des enjeux politiques, économiques et sociaux de cette époque. Leur mécanisme juridique consiste à l'immobilisation d'un bien, en le rendant inaliénable par un acte juridique de constitution, de fondation. Cet acte est doté d'une dimension religieuse incontestable. Il transfère l'usufruit du bien et transfère ses revenus au(x) bénéficiaire(s) désigné(s), pour un objet bien déterminé, tout en ayant une intention pieuse, ou en cherchant une bienfaisance dont on attend une rétribution dans l'au-delà[7].

Le caractère perpétuel des effets de l'acte constituant, quant à l'inaliénabilité définitive, et à la volonté exprimée par le constituant sur les usages du bien, devient intangible. L'acte constituant est un acte de droit privé. Il implique trois acteurs juridiques : le fondateur ou la fondatrice, les propriétaires du bien ; les bénéficiaires, qui vont recevoir les revenus du *waqf* ; le gestionnaire (*Naḍir*) désigné selon diverses modalités et qui est chargé de gérer le bien et d'en distribuer les revenus conformément à l'acte de fondation, toujours dans l'espoir de réaliser l'œuvre pieuse[8].

Dans l'histoire du monde musulman, les femmes ont souvent profité de cette institution pour réaliser un

---

[7] Jean-Philippe Bras, « La sharî 'a et les transformations du droit dans le monde musulman », *Texte de la 654e conférence de l'Université de tous les savoirs* donnée le 9 octobre 2007.
[8] *Ibid.*

investissement personnel (terres agricoles, immobilier, hammam, hôpital, école, etc.) et pour protéger ainsi leurs biens en les faisant fructifier et en renonçant à la propriété individuelle. Sous l'Empire ottoman, le *waqf* a permis aussi à des chrétiens et à des juifs de conserver, protéger et transmettre collectivement leurs propriétés sur de très longues périodes[9]. Le *waqf* permet également d'assurer la survie et la pérennité d'une famille ou d'une collectivité.

En Tunisie, durant la plus grande partie de la fin du XIXe et de la première moitié du XXe siècle, les études portant sur le *waqf* se sont focalisées, surtout, sur des questions économiques, liées à la colonisation et au développement du domaine juridique.

Le premier travail intéressant qui a pris en compte d'une manière fondamentale les aspects sociaux et anthropologiques du *waqf* en Tunisie est celui de l'équipe de Sophie Ferchiou. Il s'agit d'une recherche collective, élaborée par le Centre National de la Recherche Scientifique (CNRS) et qui a débuté en 1980 et dont les travaux ont été publiés à Paris en 1992[10]. Sophie Ferchiou,

---

[9] Fatiha Talahite, Randi Deguilhem, « Générer l'analyse des droits des propriétés, Introduction », *art. cit.*, p. 7.

[10] Sophie Ferchiou (dir.), *Hasab wa nasab. Parenté, alliance et patrimoine à Tunis*, Paris, CNRS, 1992. En plus de cette publication collective, le projet a donné lieu à un ensemble de recherches en histoire sociale s'appuyant en bonne partie sur les *waqfiyya*s. En plus de quelques mémoires d'étudiants, on peut citer notamment : Mohamed Aziz Ben Achour, *Catégories de la société tunisoise dans la deuxième moitié du XIXe siècle*, Institut national d'archéologie et d'art, Tunis, 1989; Leila Blili, « Structure et vie de famille à Tunis à l'époque précoloniale et coloniale 1875-1930 », thèse de doctorat de IIIe cycle, Faculté de lettres et de Sciences humaines, Tunis, 1986 ; Hénia Abdelhamid, *Propriété et stratégies sociales à Tunis (XVIe-XIXe siècles)*, Faculté des sciences humaines et sociales, Tunis, 1999. Signalons également les travaux du groupe de recherche organisés par Randi Deguilhem en 2012 dans le cadre du CNRS : GDRI *Fondations Waqf* qui travaille sur les aspects juridiques, sociaux, politiques et économiques des *waqfs* dans les sociétés musulmanes ainsi que sur les *waqfs* appartenant aux communautés chrétiennes et juives du Moyen-Orient et du nord de l'Afrique. Des publications commencent à paraître à partir des travaux de ce groupe de recherche.

en étudiant les archives du gouvernorat de Tunis, a analysé le système *waqf*, son fonctionnement et la place qu'il réserve aux femmes dans la circulation des biens patrimoniaux. Le but de cette recherche était de définir le rapport entre la logique normative du système *waqf* et l'idéologie agnatique sur laquelle se fonde le code islamique de l'héritage[11]. Dans un autre travail publié en 1987, Sophie Ferchiou a, pareillement, étudié le système *habous* en Tunisie et la logique de transmission du patrimoine *waqf* par les femmes[12]. Ces études se sont appuyées sur le fond documentaire des *waqfs* des familles de Tunis. Mais les résultats de ces recherches concernent l'ensemble des travaux sur les *waqfs* des femmes dans le monde musulman.

L'étude de Gabriel Baer est encore pour nous très pertinente car elle a examiné le rôle des femmes dans le *waqf* à la lumière du Taḥrīr (libération) d'Istanbul de 1546[13]. Les travaux de Mary Ann Fay ont abordé le même sujet mais en réexaminant la place des femmes dans le foyer mamelouk au XVIIIe siècle en Égypte ottomane[14]. Carl F. Petry's a parlé de « la solidarité de classes contre le gain de genre : les femmes en tant que dépositaires de propriété dans l'Égypte médiévale postérieure »[15]. Quant

---

[11] Sophie Ferchiou, « Catégorie des sexes et circulation des biens *Habous* », *Hasab wa nasab. Parenté, alliance et patrimoine à Tunis*, Paris, CNRS, 1992, p. 251-270.

[12] Sophie Ferchiou, *Le système Habus en Tunisie : logique de transmission et idéologie agnatique, Hériter en pays musulman habus, lait vivant, manyahuli*, Éditions du centre national de la recherche scientifique, CNRS, Paris, 1987.

[13] Gabriel Baer, "Woman and *Waqf*: An Analysis of the Istanbul Taḥrīr of 1546", in *Asian and African Studies*, vol. 17, 1983, p. 9-27.

[14] Mary Ann Fay, "Women and *Waqf*: Towards a Reconsideration of Women's Place in the Mamluk Household", *International Journal of Middle East Studies*, vol. 29, N° 1, p. 33-51, 1997.

[15] Carl F. Petry's, "Class Solidarity versus Gender Gain: Women as Custodians of Property in Later Medieval Egypt", *in* Keddie, N. and Baron, B. (eds.), *Women in Middle Eastern History*, New Haven, USA, Yale University Press, p. 122-142, 1991.

aux recherches de Beshara Doumani, elles sont plutôt liées à la famille dans le *waqf*, à la dévolution de la propriété et au genre, en Syrie durant les années 1800-1860[16].

Il est aussi des travaux importants sur les fondations *waqf* des femmes. Citons, par exemple, les recherches de Randi Deguilhem et Fatiha Talahite sur l'accès des femmes à la propriété dans le monde contemporain. Dans leur introduction, les autrices soulignent la nécessité de replacer le droit de la propriété dans la diversité des systèmes de droits. Elles abordent le *waqf* comme donation à perpétuité et comme une œuvre d'utilité publique. Elles stipulent encore que « de nos jours, derrière l'égalité juridique formelle, ces inégalités se perpétuent, dissimulées par l'apparente neutralité du droit, marquant une continuité historique dans la domination patrimoniale dont les femmes font l'objet »[17].

Musa Sroor a montré, à son tour, la place importante qu'occupe la femme dans la société civile de Jérusalem durant la période qui s'étale de 1831 à 1841, grâce à son droit de propriété et à la liberté d'en disposer[18]. Ouddène Boughoufala a, d'autre part, étudié les *waqfs* des femmes dans la ville de Miliana à l'époque ottomane (1516-1830). Ce travail repose sur des documents officiels provenant des Archives Nationales d'Algérie, tels les registres (*siğilāt*) de bayt al-baylīk et les registres (*siğilāt*) des tribunaux religieux, les Mahākim al-Šarʿiyya. L'historien a essayé de comprendre la nature de la propriété foncière

---

[16] Beshara Doumani, *Endowing Family: Waqf, Property Devolution, and Gender in Greater Syria*, 1800 to 1860, Society for Comparative Study of Society and History, vol. 40, N° 1, 1998.

[17] Fatiha Talahite, Randi Deguilhem, « Générer l'analyse des droits des propriétés, Introduction », *art. cit.*, p. 7.

[18] Musa Sroor « La propriété immobilière des femmes musulmanes de Jérusalem (1831-1841), Entre la reconnaissance et la spoliation », *HAWWA : Journal of Women of the Middle East and the Islamic World Gender, Law and Property Rights in the Middle East*, vol. 15, N°s 1-2, Brill, 2017 p. 31-50.

mise en *waqf* par les femmes[19]. C'est dans ce même sens aussi que Mohammadreza Neyestani a examiné certains aspects du droit de propriété que les femmes exerçaient à l'époque safavide, en se basant sur les chartes de fondation des *waqfs* conservées dans les archives d'Ispahan[20].

Les documents des *waqfs* (*les waqfiyyas*), constituant un corpus riche pour notre étude, nous ont permis de déterminer le rôle des femmes dans la propriété foncière possédée par les *waqfs*. Ces documents permettent encore de mettre en lumière le rôle des femmes et de leurs responsabilités financières dans la société de la ville de Tunis. Jeune fille, épouse, mère et/ou sœur, ces femmes pourraient bénéficier des revenus provenant des propriétés foncières appartenant aux *waqfs* ; par ailleurs, elles constituaient, elles-mêmes, des *waqfs*, dans certains cas, en les gérant.

Notre étude comportera donc deux grands volets :

Dans la première partie, nous étudierons le statut juridique des femmes et leur droit de propriété foncière à l'époque ottomane. Notre démarche consiste à appréhender ce droit selon la théorie économique des droits de la propriété dans la jurisprudence islamique (*fiqh*). Quels sont donc les droits des femmes quant à la propriété de la terre ? Dans ce volet de la recherche, nous examinerons ainsi la question du droit de propriété et les structures du régime foncier tunisien à l'époque ottomane, et surtout les nouvelles réformes foncières pendant la période des *tanzimat* de l'Empire ottoman. Nous aurons à

---

[19] Ouddène Boughofala, « Awqâf al-Nisâ' : femmes et propriété immobilière en *waqf* à Miliana à l'époque ottomane », *HAWWA : Journal of Women of the Middle East and the Islamic World Gender, Law and Property Rights in the Middle East*, vol. 15, N°s 1-2, Brill, 2017, p. 13-30.

[20] Mohammadreza Neyestani, « Femmes, *waqf* et droit de propriété en Iran à l'époque safavide », *HAWWA : Journal of Women of the Middle East and the Islamic World Gender, Law and Property Rights in the Middle East*, vol. 15, N°s 1-2, Brill, 2017, p. 51-72.

montrer si ces réformes avaient un impact direct sur la propriété des femmes.

Dans la deuxième partie de ce travail, nous tenterons d'étudier les biens *waqfs* des femmes en tant que fondatrices et bénéficiaires. Quelle est alors la nature des propriétés accordées aux femmes ? De quelle manière les biens *waqfs* des femmes circulaient-ils entre les individus (parents et groupes patronymiques alliés) dans la ville de Tunis à l'époque moderne ? La femme est-elle simplement désavantagée ou totalement exclue du partage des biens fonciers ?

PARTIE I

Statut juridique des femmes et droit de propriété foncière

CHAPITRE 1

Le statut juridique des femmes dans la jurisprudence islamique, le *fiqh*

Le code islamique définit la situation économique de la femme comme étant une situation essentiellement dépendante, comme le précise le verset suivant du Coran (Sourate IV) : « les hommes ont autorité sur les femmes à cause des dépenses qu'ils font pour assurer leur entretien ». La principale obligation du mari envers son épouse est en effet, la *Nafaqa*[21]. Après le père, c'est l'époux qui doit subvenir aux besoins de la famille. Toutefois, les femmes sont autorisées à exercer diverses activités économiques et à tirer profit de leurs revenus. Le texte sacré marque encore cette distinction : « [...] *et aux femmes la part qu'elles ont acquise... aux hommes la part qu'ils ont acquise* » (Coran, 4, verset 33). Il a, en outre, souligné le droit des femmes à un paiement financier appelé *mahr* ou *ṣidāq* (dot) de la part de leur mari au moment du mariage : « *Et donnez aux femmes [que vous épousez] leur dot avec un bon cœur, mais si elles, de leur propre bon plaisir, vous en laissent une partie, alors prenez-la et profitez-en avec plaisir et bienveillance* » (Coran 4, verset 4). Les femmes peuvent aussi recevoir

[21] Du verbe *nafaqa* qui signifie dépenser.

des cadeaux constitués d'actifs et de sommes d'argent intéressantes sous forme de dons. Mais, le Coran interdit de reprendre de tels cadeaux en cas de divorce : « *Ne récupérez pas une femme divorcée, même si vous avez donné à l'une d'entre elles un qinṭār d'or.* » (Coran 4, verset 20).

Même si la femme musulmane est socialement inférieure par rapport à l'homme, elle peut gagner de l'argent et devenir autonome. Elle peut, par ailleurs, dépenser ses revenus comme elle le désire. Cependant, puisqu'elles jouissent d'un droit de propriété indépendant de leur mari, elles ont diverses sources de revenus. Ces femmes sont également tenues d'accomplir divers actes de piété et de s'acquitter de leurs obligations pécuniaires telles que le paiement de la zakat, les actions caritatives et de bien-être social, y compris les *waqfs*.

Par conséquent, les femmes en islam ont beaucoup plus de possibilités de créer des *waqfs.* En effet, durant l'époque ottomane et coloniale et jusqu'au lendemain de l'indépendance, il existait en Tunisie deux systèmes juridiques de transmission du patrimoine : d'une part la succession selon le code islamique de l'héritage, où les femmes ne sont jamais exclues de la succession, mais la répartition sexuelle de l'héritage ne leur attribue que la moitié de ce qui revient aux hommes. D'autre part, les modes de transmission selon l'institution du *waqf* et selon l'ordre des priorités de succession, où les agnats (*acab*) sont classés comme prioritaires.

L'institution du *waqf* permet aux femmes d'être exhérédées (soit totalement, soit partiellement) et quand elles sont désignées comme bénéficiaires, cette désignation est généralement soumise à des conditions restrictives prévues par le légataire.

Le statut juridique des femmes et de leurs biens est tout à fait différent de celui des hommes. Ces différences sont tantôt défendues, tantôt dénoncées par les femmes elles-mêmes. En effet, ces attitudes s'expliquent par la volonté de ces femmes, soit de mettre leurs biens à l'abri des prétentions des créanciers, soit, au contraire, de tester leur volonté le plus librement possible. Mais, le problème de la définition du droit de propriété en tant que tel se pose sérieusement car de nombreux témoignages montrent en effet que celui-ci est souvent la conséquence d'un état de fait, plutôt que de la production d'un titre légitime. Et, à la différence de la propriété, la possession ne se décline pas selon le genre[22].

1.1. Le statut juridique des femmes

1.1.1. L'héritage féminin

L'héritage constitue la voie d'acquisition des biens la plus répandue. Le système juridique en Islam, en matière d'héritage (*al-tarika*), est régi par des règles définies par le Coran et la *šariʿa*. Ces règles sont appelées *farāʾiḍ* (pluriel de *farḍ* : obligation فرائض). Notons que les attitudes des quatre écoles sunnites (hanafite, malékite, chafiite et hanbalite) concernant cette question divergent. En ce qui concerne la Tunisie, l'école malékite constituera l'objet principal de notre étude car la pratique juridique tunisienne avait attribué aux magistrats malékites la compétence en matière de *farāʾiḍ* dont les règles s'imposent à l'auteur de la succession et à ses héritiers[23].

Quelques versets de la Sourate des *Femmes* indiquent l'essentiel des prescriptions en matière de succession : « Aux hommes, une part de ce qu'ont laissé les pères et les

---

[22] Renata Ago, « Femmes et droits de propriété (Rome, XVIIe siècle) », *Femmes, dots et patrimoines*, Clio, n° 7, 1998.

[23] Bernard Durant, *Droit musulman. Droit successoral farāʾiḍ, فرائض*, Libraire de la Cour, Paris, 1991, p. 155.

mères ainsi que les proches ; et aux femmes une part de ce qu'ont laissé les pères et mères ainsi que les proches ; que ce soit peu ou beaucoup : une part déterminée »[24]. À ce verset du Coran, la sunna et les jurisconsultes ont ajouté quelques dispositions précisant les droits de divers autres parents. Le code islamique de l'héritage distingue deux types d'héritiers : *ʿāṣab* qui sont les agnats (la descendance mâle et la parenté par le père du sexe masculin), et les héritiers *farḍ* qui sont en majorité des femmes (la fille, la mère, l'épouse et en leur absence la fille du fils, la sœur germaine, la demi-sœur agnatique, la sœur du père et la grand-mère)[25].

Les héritiers *ʿāṣab* sont des héritiers universels qui peuvent bénéficier de la totalité de la succession et dans l'ordre préférentiel de transmission. Ils sont classés comme prioritaires. Par contre, les femmes ne peuvent être que des héritières *farḍ*. Les parts d'héritage, qui leur sont destinées, sont fixées définitivement par les textes juridiques et sont prélevées avant le partage. Ces parts, qui selon les cas, varient entre la moitié et le huitième de la totalité de l'héritage. Elles ne peuvent en aucun cas être modifiées, quelle que soit la position des héritières. Lorsqu'une fille se trouve la seule héritière de l'un de ses parents, elle ne pourra bénéficier que de la moitié des biens, et sera *de facto* interdite d'hériter la totalité de l'héritage[26]. En effet, dans la catégorie des héritiers *farḍ*, les femmes ne perturbent pas le système de succession agnatique.

[24] *Coran*, trad. Hamidullah, Sourate 4, p. 72.
[25] Sophie Ferchiou, « Le rôle des femmes », *art. cit.*, p. 38.
[26] *Ibid.*, p. 38-39.

1.1.2. Rôle des femmes dans la transmission du patrimoine familial par l'héritage

La question de la circulation du patrimoine est fondamentale. C'est que la circulation des richesses représente, par le biais de l'échange, l'un des moteurs essentiels de la vie sociale. Il est assez clair que les femmes sont « un vecteur privilégié des transferts patrimoniaux » entre les différents groupes familiaux par l'effet du mariage, à l'intérieur même de la famille grâce à l'héritage, ou aux donations. Si les femmes jouent un rôle déterminant dans la stratégie sociale des familles, c'est parce qu'elles ont une grande capacité à transmettre les biens – et particulièrement les biens *waqfs*. C'est dans ce sens que s'oriente ce volet de notre étude.

L'islam accorde donc aux femmes le droit à l'héritage. Souvent, ce sont elles qui renoncent à ce droit car la tradition les empêche d'en bénéficier. Au milieu rural et semi-rural, où la terre constitue la principale forme de richesse, la femme ne réclame pas sa part d'héritage, car la coutume l'oblige à y renoncer. Le statut inférieur de la femme par rapport à l'homme encourage ce genre d'agissements. Au milieu urbain, par contre, et en particulier à Tunis, où la propriété se présente souvent comme un capital mobilier, la fille, après son mariage, conserve sa part de l'héritage familial, car le droit islamique lui permet d'en garder la propriété et même la gestion[27]. La veuve a également le droit d'hériter son mari et de transférer une partie du patrimoine dans sa famille d'origine. Ainsi, la mère du défunt peut-elle opérer un transfert de biens dans son propre patrilignage[28].

Le code islamique de l'héritage permet aussi à la femme d'héritier en tant qu'épouse, mère et/ou fille. Mais

---

[27] *Ibid.*, p. 37.
[28] *Ibid.*, p. 40.

c'est seulement quand elle a le statut de fille qu'elle peut transférer définitivement les biens de sa famille d'origine à la famille de son mari, surtout quand le mariage est préférentiel, ce qu'on appelle « mariage arabe », qui relie des cousins parallèles patrilatéraux (*awlād al-ʿam*)[29].

Le problème qui se pose ici est de savoir dans quelle mesure la pratique juridique du *waqf* remplace le système de transmission par héritage, afin de maintenir le patrimoine familial et de le protéger des menaces du transfert occasionné par les femmes après leur mariage[30].

1.2. La transmission du patrimoine par les femmes dans le système du *waqf*

Il existe une autre institution islamique de transmission du patrimoine. Il s'agit, en fait, du « *waqf* » ou « *habous* », où la femme peut être totalement exhérédée. Le constituant du « *habous* » peut, en effet, désigner les bénéficiaires de ses biens parmi ses descendants, ou ses germains. Il peut même désigner des personnes étrangères à la famille. Contrairement au code islamique de l'héritage, qui impose un ordre fixe de succession, le principe juridique du *waqf* offre une grande liberté au fondateur ou à la fondatrice qui peut faire bénéficier une ou plusieurs personnes et en écarter d'autres. Le fondateur (ice) d'un *waqf* peut désigner librement les bénéficiaires du revenu excédentaire de sa fondation, une fois acquittés des dépenses relatives à la pratique religieuse. Or, ces droits sont très souvent choisis parmi la descendance du fondateur, selon un ordre de transmission bien déterminé et selon les mêmes règles de partage ou presque d'un acte *waqf* à un autre. L'étude de ce formulaire type révèle que

---

[29] *Ibid.*

[30] *Ibid.*, p. 41.

la « famille choisie » est fort différente de la « famille légale » telle que la définissent les règles du droit islamique en matière successorale. La circulation du bien « *habous* » est soumise à certaines règles qui varient selon le rite, l'ordre de succession et le sexe.

1.2.1. Le rite religieux

Le *waqf*, en tant qu'institution pieuse, est avant tout un acte juridique rédigé par les doctrines islamiques. Les écoles de droit hanafite et malékite constituent les deux écoles fondamentales en Tunisie, à l'époque ottomane. Si la doctrine malékite est adoptée par les habitants, la doctrine hanafite, quant à elle, est suivie par les militaires ottomans et de leurs descendances[31].

D'après le rite hanafite, le constituant peut se désigner lui-même comme premier bénéficiaire et, par conséquent, il peut profiter de ses biens jusqu'à sa mort, tandis que le rite malékite l'oblige de se défaire de ses biens immédiatement après les avoir constitués en « *habous* ». L'école de droit malékite considère comme invalide le fait que le fondateur se désigne comme bénéficiaire, ou qu'il exclue les filles de la première génération de l'héritage. Cette quasi totale liberté est permise au fondateur pour désigner ses bénéficiaires intermédiaires : ses enfants uniquement, ou bien ses enfants et ses descendants, ou même une personne totalement étrangère à sa famille. Il peut même exclure ses propres enfants, ou bien seulement sa descendance féminine, ou bien encore sa descendance masculine de son héritage.

---

[31] Sophie Ferchiou, « Catégorie des sexes », *art. cit.*, p. 255.

1.2.2. L'ordre de succession

Selon le code de l'héritage, le constituant peut choisir entre deux ordres de succession : la succession individuelle « *ʿala al-ruʾūs* » (par tête) et la succession générationnelle « *ʿala al-ṭabakāt* » (par génération), c'est-à-dire que seules les personnes appartenant au même niveau généalogique « *ṭabaqah* » ont droit aux revenus du *waqf* selon le principe de « *ʾal-ṭabaqah al-suflā lā tušārik al-ṭabaqah al-ʿulyā* » ; la génération inférieure n'est pas bénéficiaire en même temps que la génération supérieure[32].

Dans le premier cas, le constituant désigne les bénéficiaires individuellement. Lorsque l'un d'eux meurt, sa part est immédiatement partagée entre les autres. Dans le deuxième cas, le constituant désigne les bénéficiaires par génération, c'est-à-dire que l'usufruit est attribué à tout un ensemble de frères et sœurs. Lorsque l'un d'eux meurt, sa part ne revient pas directement à ses enfants mais à ses germains vivants. Les enfants ne peuvent bénéficier de la part d'usufruit de leurs ascendants qu'après la disparition de toute la première génération. La plus répandue des clauses spéciales est celle qui va avec l'ordre de succession générationnelle et qui permet aux descendants (généralement de sexe masculin) d'un bénéficiaire, suite à sa mort, de partager ses biens sans attendre la disparition de tous ses germains[33].

1.2.3. Le genre de bénéficiaires

La législation islamique concernant les biens « *habous* » est d'une souplesse étonnante. C'est désormais cette souplesse qui a ouvert la voie aux constituants des

---

[32] *Ibid.*, p. 252.
[33] *Ibid.*

« *habous* » pour imposer l'idéologie agnatique musulmane en appliquant des règles injustes sanctionnant la femme et l'écartant tout simplement du système de transmission des biens immobiliers : « La principale différence du système de transmission *habous* avec celui de l'héritage est la possibilité d'exclure totalement ou partiellement les femmes de la succession »[34].

Lorsque le fondateur du *waqf* désigne ses descendants comme bénéficiaires intermédiaires avant l'attribution du bien à la fondation pieuse, il peut, selon le régime du *waqf*, adopter une attitude différente qui varie selon le sexe de sa descendance. Il peut non seulement faire bénéficier les uns et exhéréder les autres, mais aussi varier son attitude envers les femmes suivant des critères spécifiques tels que la situation générationnelle ou bien le statut matrimonial[35].

[34] *Ibid.*, p. 255.
[35] *Ibid.*, p. 257.

CHAPITRE 2

Le droit de la propriété foncière en mouvement

Le régime arabe de la propriété est bien antérieur à l'Islam. L'équipement du nomade et son propre bien, les terres de sa tribu et leurs puits sont en fait des biens collectifs. Les marchands avaient développé toute une série de tractations concernant les échanges commerciaux et le Coran lui-même allait ultérieurement porter les traces de cette terminologie spécifique. Tout musulman et toute musulmane ont, somme toute, accès à la propriété, à moins d'être frappés d'incapacité (*ḥajer*)[36].

Il est utile, à notre sens, de rappeler les formes de la propriété rurale pendant l'époque ottomane et avant le Protectorat. De nombreux chercheurs ont abordé cette question[37]. Mais, nous trouvons que ces études n'ont pas réussi à la traiter à fond. En effet, faisant l'objet de plusieurs controverses entre juristes, historiens et économistes, la Tunisie est un pays dont la majorité de la population est de confession musulmane. Il est doté d'institutions issues du droit coranique, mais ce droit lui-

---

[36] Anne-Claude, Dero-Jacob, *Société et institutions traditionnelles de l'Islam*, Une Introduction sociologique Peeters, 1995, p. 120.

[37] Paul Dumas, « Les populations indigènes et la terre collective ou tribu en Tunisie », Tunis, 1912. Voir aussi Louis Housset, *Le statut des terres collectives et la fixation au sol des indigènes en Tunisie*, Paris, 1939.

même ne fait que refléter un état économique et social particulier, qui est imposé à la fois par la géographie et par l'histoire tunisiennes[38].

D'un point de vue juridique, il y eut deux sortes de terres en Tunisie : les « *terres mortes* » qui sont des terres vaines ou vagues, et « qui ne produisent rien et ne sont la propriété de personne (déserts, sols incultivables, massifs forestiers), et les *terres vivifiées* par l'homme »[39]. Rappelons, en outre, qu'il existe, selon la jurisprudence islamique, qui est régie en Tunisie par le droit ottoman, une propriété privée (*milk*) et une propriété étatique (*mīrī*)[40].

Dans ses recherches, Abdelhamid Hénia, par exemple, a établi un lien entre le changement du statut des terres mortes (*mawāt*) en Tunisie, au moment du passage de la dynastie hafside en 1574 à la Régence ottomane, et l'affaiblissement de la contribution de ce genre de terres aux finances de la Régence, notamment celles qui proviennent du commerce transsaharien et de la piraterie en Méditerranée. L'historien a montré que ce changement a provoqué un retour vers l'agriculture et a permis d'optimiser la collecte d'impôts. C'est ainsi que, sous le règne des beys husseinites, notamment celui de Hussein Ben Ali (premier de la dynastie : 1705-1735), ces chefs se sont approprié ces terres, considérées jusque-là comme mortes et proposées à la vivification contre une redevance fixe[41].

[38] Jean Poncet, *La colonisation et l'agriculture européenne en Tunisie depuis 1881*, Étude de la géographie historique, Paris, Mouton, Co Lahaye 1966, p. 49.
[39] *Ibid.*
[40] Hénia Abdelhamid, « Les terres mortes de la Tunisie utile et les nouvelles stratégies foncières à l'époque moderne », *Revue du monde musulman et de la Méditerranée*, n°s 79-80, 1996. *Biens communs, patrimoines collectifs et gestion communautaire dans les sociétés musulmanes*, p. 127.
[41] *Ibid.*

Cette appropriation par les beys eux-mêmes, et, accessoirement, par les notables, a permis de procéder à une mise en culture directe ou à une forme de métayage et de s'assurer une rente foncière quand la vivification ne leur donnait accès qu'au prélèvement d'un impôt foncier. Ce processus s'est, par ailleurs, traduit par le transfert de ces terres appartenant à *Bayt al Mal* (Trésor public de l'État) au domaine privé du bey (beylik)[42].

Le nouveau rapport à la terre, imposé par le pouvoir ottoman en Tunisie, a donc provoqué la naissance de nouveaux concepts et de nouvelles normes juridiques en matière foncière. Par exemple, l'analyse de l'évolution sémantique qu'a connue le mot *henšīr* (des parcelles spécifiques de terre) à l'époque ottomane permet de rendre compte d'une telle dynamique[43].

2.1. Structures juridiques du droit de propriété

2.1.1. Le terme *milk*

Les premiers textes de la littérature juridique de *fiqh* ne donnent aucune référence au droit de propriété. Mais, le terme juridique, désignant la propriété, *milk,* existe déjà. Il est imbriqué dans les expressions *Fī milkih* « en sa propriété » et dans *Fī ġayr milkih* « en dehors de sa propriété » ou dans *ḫarağa min milkih* « sortir de sa propriété ». La propriété (*milk*) se distingue de la possession (*yad*)[44]. La propriété a un propriétaire ; le terme

[42] *Ibid.*, p. 127-129.

[43] *Ibid*, p. 135.

[44] Encyclopédie de l'Islam, « *milk* », (A. M. Delcambre), Tome VII, E. J. Brill, 1993, p. 61. Sur ce sujet, voir aussi Chehata, Chafik, *Études de droit musulman, la notion de responsabilité contractuelle, le concept de propriété*, Presses universitaires de France, Paris, 1973, p. 119.

mālik (dérivé du mot *milk*) est très peu utilisé. Dans les textes de la littérature juridique de *fiqh*, il est appelé *rabb al-māl* ou *ṣāḥib,* désignant le titulaire du bien[45].

2.1.2. Objet de propriété

Le bien approprié est appelé *mamlūk.* Il peut s'agir d'esclaves, de terres, de maisons, etc.[46] Les juristes musulmans ont défini le terme *milk* comme « une relation de droit (*ittiṣāl šarʿī*) entre une personne (*insān*) et une chose (*šay*) permettant à cette personne d'en disposer en empêchant toute autre personne de le faire »[47]. Mais, pour les juristes musulmans classiques, le droit de propriété se confond avec la chose qui en fait l'objet. Pour eux, la propriété n'est pas un droit (*ḥaqq*), c'est un bien (*māl*) qui est devenu *milk*[48].

La propriété elle-même ne porte pas sur le fonds, mais sur les fruits et les produits (*manfaʿa*) et elle comporte tout usage de la chose. En matière de testament, elle peut être limitée au seul *usus.* Ainsi en est-il du legs d'habitation (*waṣiyya bi-l suknā*). Lorsqu'elle porte également sur les fruits (*ṯimār*) ou les produits (*ġalla*), ces choses seront acquises en toute propriété mais rien que ces choses-là[49].

---

[45] Chehata, Chafik, *op. cit.*, p. 119.
[46] *Ibid.*, p. 120.
[47] Encyclopédie de l'Islam, « *milk* », *op. cit.*, p. 61.
[48] *Ibid.*
[49] *Ibid.*, p. 121.

2.2. Le régime foncier tunisien à l'époque moderne

2.2.1. Les biens *milk*

Le concept de la propriété privée, le *milk*, est basé sur le discours coranique. La personne qui possède un bien en pleine propriété est celle qui est pourvue d'un droit de propriété au sens premier du mot : droit d'usage, de jouissance et de disposition. A priori, la propriété *milk* s'acquiert par la concession du souverain mais, aussi par la vente d'une personne à une autre. Hormis la vente directe des biens, il existe un autre moyen pour en prendre possession. C'est bien la vivification d'une terre morte et de sa possession sur une période de 10 ans. Un bien possédé en pleine propriété se transmet donc par la vente, la donation, le testament et la succession. Ces démarches peuvent être prouvées grâce à un titre, à des témoins ou à la possession que la culture manifeste. Dans le mode d'accès à la propriété, c'est la consanguinité qui fonde le droit de la terre[50].

D'après l'école hanafite, la propriété *milk* donne le droit de disposer exclusivement d'une terre et de tous les fruits qu'elle produit[51]. La propriété *milk* est définie par la loi impériale ottomane de 1864 : « La terre *milk* est à l'entière disposition du propriétaire ; elle se transmet par voie d'héritage, comme la propriété mobilière, et peut être soumise à toutes les dispositions telles que le *habous*, le gage, l'hypothèque, la donation, la préemption, etc. »[52]. La propriété *milk* est donc la propriété privée dans toute sa

[50] Lucette Valensi, *Fallahs tunisiens : l'économie rurale et la vie des campagnes aux XVIIIe et XIXe siècles*, Paris, 1977, p. 94.
[51] Lescure, Paul, *Du double régime foncier de la Tunisie, droit musulman et loi foncière*, thèse de doctorat, Imprimerie française, Tunis, 1900, p. 14.
[52] *Ibidem.*

plénitude, le droit de jouir et de disposer d'une chose de la manière la plus absolue[53].

Le chercheur Paul Lescure note, dans ce sens, que ce type de propriété est doté de nombreuses caractéristiques communes avec le droit de propriété même si, dans le cas de la Tunisie, la situation est plus ou moins différente. Lescure ajoute qu'en raison de l'organisation de la famille qui maintient très longtemps la vie commune entre ses membres, les immeubles sont conservés très souvent dans un état extrême d'indivision[54].

Mais cette opération peut être entravée par l'existence de copropriétaires mineurs. Si l'un d'eux demande sa part, le partage ne peut avoir lieu qu'après une demande formulée auprès du juge qui ne l'autorise que s'il estime que les intérêts des immeubles ne se sont pas protégés. C'est l'existence du droit de préemption *šufʿa*[55] ou de retrait. Son exercice permet à un ayant droit de reprendre un immeuble d'un tiers acquéreur en lui remboursant le prix d'achat et les frais d'acte. Or, ce droit est attribué aux copropriétaires indivis, aux héritiers du vendeur, aux co-usagers d'une servitude. De plus, et, selon le rite hanafite, ce droit est aussi donné au propriétaire du fonds voisin : il est opposable à tous les acquéreurs à titre onéreux. Le retrayant jouit des droits et supporte les charges du retrayé. Cette institution ainsi étendue rendrait difficiles les

---

[53] *Ibid.*, p. 15.

[54] *Ibidem.*

[55] Droit de préemption *šufʿa*, le droit du copropriétaire à racheter la part de son associé, proposée à la vente. Si le bien était vendu à une tierce partie sans son accord, l'associé aurait le droit de le vendre, même contre la volonté du nouveau propriétaire, qui serait entièrement remboursé. Voir Izzi Dien, Mawil Y., "Shufʿa", in *Encyclopédie de l'Islam*, Nouvelle Édition, vol. IX, E. J. Brill, Leiden, 1997, p. 513-514.

transactions immobilières si la pratique n'avait trouvé moyen d'en empêcher l'exercice[56].

À titre comparatif, en Algérie, la propriété rurale contient fréquemment un caractère collectif qui ne confère au détenteur qu'un droit de détention précaire, le domaine éminent appartenant à la tribu. Le sol, dans ce cas, est connu sous la dénomination de terre *'arḍ*[57]. En Algérie, les terres dites *milk* sont classées comme propriétés familiales privatives. Le chercheur Mahfoud Keddache note que, contrairement au droit français, la règle de l'héritage en Algérie encourage l'indivision des terres avec comme objectif d'éviter le morcellement des biens fonciers[58].

En Tunisie, les contrats les plus répandus à l'époque ottomane et celle du Protectorat concernant des oliveraies étaient appelés *muġārasa*[59] (bail à complant) et *musāqāh* (colonage partiaire)[60]. Le *muġārasa* est un contrat en vertu duquel le propriétaire du sol, qui pourrait être en mode *milk* et possédé par un individu, ou en mode *waqf* possédé donc par le *waqf* lui-même concède une terre à un cultivateur dont le travail consiste à planter des arbres. En

---

[56] Paul Lescure, *Du double régime foncier de la Tunisie, droit musulman et loi foncière*, *op. cit.*, p. 15.

[57] *Ibid.*, p. 20.

[58] Keddache, Mahfoud, *L'Algérie des Algériens, histoire de l'Algérie 1830-1954*, Éditions Rocher noir, Alger, 1998, p. 96.

[59] *Muġārasa* : est un contrat entre le propriétaire du terrain et le planteur ou « *muġārsī* ». Ce dernier prend en charge la plantation et l'entretien jusqu'à la production des arbres (de 10 à 15 ans pour les oliviers).
Une fois que les arbres deviennent productifs, les contractants procèdent à un partage égal du terrain planté et le « *muġārsī* » en devient le propriétaire.

[60] Selon nos recherches, le contrat de *muġārisa* est, plus particulièrement, utilisé dans le sud de la Régence et notamment dans la région de Sfax : voir la thèse de doctorat de Mounira Abdelhariz Tarchoun, « Sfax, ville tunisienne à l'époque ottomane : sa topographie, son histoire urbaine, sociale, économique et ses *waqfs* », sous la direction de Randi Deguilhem, Aix-Marseille Université, 2018. L'enregistrement du contrat de *muġārisa* se passe généralement devant les notaires du tribunal mais à l'époque du Protectorat, il pourrait être enregistré par acte consulaire ou bien rédigé sous seing privé.

contrepartie, lorsque la plantation arrive à un certain niveau de croissance, une part indivise du sol ainsi transformée est déterminée soit selon une convention entre le propriétaire et le cultivateur, soit selon l'usage[61]. Le *musāqī*[62], à l'instar du *ẖammās*[63], avait droit à un cinquième de la récolte sur les arbres qu'ils devaient entretenir[64].

En ce qui concerne le *milk*, son étendue et sa consistance peuvent être assez aisément reconnues. Il s'agissait de terres régulièrement et traditionnellement mises en valeur. Elles sont situées dans les régions les plus peuplées et qui présentent les conditions les plus favorables au développement agricole. La propriété *milk* existait dans le Sahel, dans le Cap-Bon, à proximité des villes, dans les oasis et dans toutes les zones de vie sédentaire[65].

---

[61] Paul Lescure, *Du double régime foncier de la Tunisie, droit musulman et loi foncière*, *op. cit.*, p. 52.

[62] Le *musāqāt* est le terme désignant le contrat par lequel un propriétaire concède la jouissance d'une plantation pour une période correspondant aux saisons agricoles moyennant un partage des fruits provenant de la plantation. Un tel contrat s'établit entre le propriétaire du fonds et un cultivateur (appelé *ʿāmil* dans la documentation) qui s'engage à veiller sur les arbres de la plantation pour une saison à la fin de laquelle les fruits sont partagés entre les parties contractantes dans la proportion convenue entre elles. La portion revenant au propriétaire constituant son loyer. Voir Young, M. J. L., "Musāḳāt", in *Encyclopédie de l'Islam*, Nouvelle Édition, vol. VII, E. J. Brill, Leiden, 1992, p. 658.

[63] Le *ẖammās* (en arabe : خماس), est une sorte de bail de fermage coutumier ayant existé au Maghreb, dans lequel le « métayer », appelé *ẖammās,* recevait un cinquième du produit des terres qu'il cultivait. Voir Louis Milliot, *Introduction à l'étude du droit musulman*, Sirey, 1951, p. 660-661. Ce travailleur est défini comme « un associé ayant droit au cinquième, en compensation de son travail ». Voir Lucette Valensi, *Fallahs tunisiens*, *op. cit.*, p. 142.

[64] Jean Poncet, *La colonisation et l'agriculture européenne en Tunisie depuis 188*, *op. cit.*, p. 65.

[65] *Ibid.*, p. 50.

Selon une grande enquête de suivi, menée entre 1988 et 1994, et basée sur l'analyse des archives de l'Arrondissement des affaires foncières dans la région de Jefara dans le Sud-Est tunisien, il s'est avéré que les terres « *milk* » sont très rares. La propriété de la terre n'était pas recherchée par les pasteurs nomades et semi-nomades et les terres « *milk* » se limitaient à quelques terrains vivifiés par l'homme et moyennant des aménagements hydrauliques et des plantations[66].

2.2.2. Les biens *waqfs*

Le *waqf* peut être défini comme « un acte juridique par lequel une personne, dans l'espoir de s'approcher encore plus de Dieu, se dépouille d'un ou de plusieurs de ses biens, généralement des immeubles, et les met hors du commerce. Il les offre à perpétuité à une œuvre pieuse, charitable ou sociale, soit d'une manière absolue et exclusive de toute restriction – *waqf* public –, soit en réservant la jouissance de ses biens à une ou à plusieurs personnes déterminées – *waqf* de famille – ; à l'extinction des bénéficiaires, le *waqf* de famille devient *waqf* public »[67].

2.3. Les nouvelles réformes foncières

L'Empire ottoman a introduit en 1858 un code foncier. Le régime juridique des terres avant l'adoption de ce code

---

[66] Noureddine Nasr, Ali Abaab, Noureddine Lachiheb, « Partages des terres collectives et transformation des sociétés et des modes d'occupation et de gestion des espaces : Les steppes du Sud-Est Tunisien », MEDIT N3/2000, p. 2. Institut des Régions Arides, Medenine, Tunisie.

[67] Joseph Luccioni, *Le Habous ou wakf : rites malékite et hanéfite, Impr. Réunies de la Vigie marocaine et du Petit marocain*, Casablanca, Maroc, 1942, p. 15.

était caractérisé par l'existence d'une multitude de *firman* (ordre écrit donné par le sultan), de règlements et de notes explicatives des pouvoirs publics. Le code foncier de 1858 représente une codification fondamentale de tout le droit foncier. Cette loi constitue un pas important dans le mouvement de codification en Turquie. On peut dire que ce code foncier est le résultat d'un progrès juridique d'un système national dont l'établissement s'étend sur des siècles. Cette loi est originale et propre à la Turquie et ses racines sont ancrées dans le droit national.

2.3.1. Code de la propriété foncière de 1858

Le code de la propriété foncière de 1858 (*Qānūn al-Arāḍī*) rassemble les lois sur la propriété et l'exploitation des terres ottomanes. Ce code a, en fait, remplacé les pratiques du *Qānūn Nāma* promulgué par le sultan Soliman le Magnifique ainsi que les *Firmān* des sultans, les *fatwas* du *Shaykh al-Islâm* et les *fatwas* des *Muftīs* à propos des transactions foncières *mīrī* ou *waqf*[68]. Le code de la propriété foncière de 1858 a contribué à limiter l'expansion des biens *waqfs* et, en même temps, à réduire le nombre des biens *waqfs* existants dans les territoires ottomans. Il faut tout de même signaler que ce code concernait uniquement les biens-fonds des *waqfs ġayr ṣaḥīḥ*, et non ceux des *waqfs ṣaḥīḥ*. L'État se considère alors comme l'ultime propriétaire des biens des *waqfs ġayr ṣaḥīḥ* qui étaient établis avec des propriétés *mīrī*[69].

---

[68] Musa Sroor, *Fondations pieuses en mouvement. De la transformation du statut de propriété des biens waqfs à Jérusalem (1858-1917)*, p. 145.

[69] Aksoy S., « Les systèmes de propriété foncière en Turquie » *In :* Jouve A.-M. (éd.), Bouderbala N. (éd.). *Politiques foncières et aménagement des structures agricoles dans les pays méditerranéens : à la mémoire de Pierre Coulomb.* Montpellier : CIHEAM, 1999, p. 43. (Cahiers Options Méditerranéennes ; N° 36)

2.3.2. Types de terres

Le code foncier de 1858 distingue cinq types de terres :

a. Les terres *milk* privées

Le propriétaire peut en disposer librement. Cette catégorie est réglée non par le code foncier, mais par référence aux livres de droit islamique. La grande majorité des terres agricoles, les terres *mīrī*, est considérée comme liée à l'État qui lègue ces terres aux paysans. Le concessionnaire est l'équivalent d'un preneur. Mais la législation a assimilé graduellement le statut juridique des terres *mīrī* à celui des terres en propriété privée. Finalement, la position d'un ayant droit des terres *mīrī* correspond pratiquement à celle d'un propriétaire de droit civil[70].

b. Les terres *mīrī*

Ces terres sont considérées comme liées à l'État. En 1869, l'Empire ottoman établit la possibilité juridique de transformer un bien *mīrī* en un bien *milk*[71].

c. Terres appartenant à des fondations religieuses (*waqf*)

Les *waqfs* sont des biens de mainmorte déclarés inaliénables par leurs propriétaires et dont les revenus sont affectés à un usage précis et déterminé par le donateur. Il s'agit d'une manière de se rapprocher de Dieu. Les revenus des *waqf* servent le plus souvent à l'entretien des bâtiments religieux et contribuent aussi au maintien des édifices ou des constructions publiques.

---

[70] *Ibid.*

[71] *Ibid.*

d. Les terres laissées à l'usage public (terres *metrūk*)

Les terres *metrūk* sont destinées à l'usage et aux jouissances publiques et ne peuvent faire l'objet de possession privée. Il en existe deux types : des terres utilisées par toute la population comme les voies ou places publiques et les terres qui sont sous le contrôle d'un ou de quelques villages[72].

e. Les terres « mortes »

Les terres mortes sont les terres qui n'ont pas de propriétaire. Elles ne sont ni un lieu de pâturage, ni un lieu d'approvisionnement en bois pour un village, et qui sont éloignées des constructions. L'Islam autorise la revivification (*iḥyā'*) des terres mortes et considère que le premier qui leur donne vie est le propriétaire légitime, suivant les paroles du prophète dans son *hadith* : « Celui qui revivifie une terre morte en devient le propriétaire »[73].

Pour qu'une terre soit considérée comme morte et puisse être possédée par le biais de la revivification, il faut qu'elle soit sans propriétaire, que personne n'ait aucun droit sur elle, et qu'elle ne soit rattachée à aucune construction. Pour la plupart des jurisconsultes, l'autorisation du souverain pour la revivification ne constitue pas une condition d'appropriation. Selon Abū Ḥanīfa[74], l'autorisation accordée par le souverain pour la revivification de la terre, se pose comme condition de

[72] *Ibid.*

[73] Akkâm Fârûq, « Des fondements de la propriété dans la jurisprudence musulmane », In *Revue du monde musulman et de la Méditerranée*, n°s 79-80, 1996. Biens communs, patrimoines collectifs et gestion communautaire dans les sociétés musulmanes, p. 33.

[74] Abū Ḥanīfa al-Nuʿmān b. Thābit, théologien et législateur religieux, éponyme de l'école ḥanafite. Il mourut en 150/767 à l'âge de 70 ans ; voir Schacht, Joseph, « Abū Ḥanīfa », in *Encyclopédie de l'Islam*, Nouvelle Édition vol. I, Leiden E. J. Brill, 1960, p. 126-128.

l'appropriation[75]. Il en est de même pour la terre qui était possédée avant l'époque musulmane et dont les propriétaires sont disparus. Cette terre devient morte et devient la propriété du premier qui la revivifie[76].

2.4. Le pouvoir ottoman et l'appropriation de terres mortes *mawāt*

L'appropriation des terres mortes s'explique d'abord par la politique ottomane en matière foncière de manière générale. Ces derniers tendent à mettre la main sur ces terres et d'en contrôler l'accès. Dans les provinces orientales de l'Empire, les *mawāt* et les terres conquises ou confisquées constituent le domaine *mīrī* ou *amīrī*, sur lequel l'État revendique certains droits[77].

Ainsi, à l'époque ottomane, l'accès aux *mawāt* passait d'une manière ou d'une autre par leur appropriation. Par conséquent, la terre, même morte, prenait une nouvelle valeur : elle n'est pas tirée de son usage, mais plutôt de ce qu'on pouvait en tirer comme rente fiscale ou foncière. On peut dire qu'elle devient un objet de spéculation : ce fut encore un moyen d'en contrôler le procès d'appropriation[78].

À partir de 1574, le pouvoir turc applique des changements dans les traditions foncières héritées de l'époque hafside. La principale nouveauté est l'appropriation des terres mortes *mawāt*, qui sont essentiellement des terres de céréaliculture, qui sont situées, principalement, au nord de la Dorsale, et au centre du pays. L'inviolabilité des *mawāt* ne commence à

[75] *Ibid.*
[76] *Ibid.*
[77] Henia, « Les terres mortes de la Tunisie », *op. cit.*, p. 132-133.
[78] *Ibid.*

s'appliquer qu'à partir de l'époque husseinite, au début du XVIIIe siècle : dès le règne de Ḥussīn b. 'Alī, on commence à recenser, délimiter et identifier les *hinšir*[79].

Le contrôle de l'accès aux *mawāt* s'intensifie de plus en plus dans la période husseynite[80]. Dès lors que les beys s'approprient les terres mortes au nom du *Bayt al-Māl* qu'ils représentent, leur inviolabilité devient, tout autant que pour toute autre propriété privée, un dogme que les beys finissent par faire respecter aussi bien pour les oulémas (ou hommes de loi) que pour les paysans qui sont toujours en quête d'espaces nouveaux[81].

Au cours de l'époque ottomane, les expressions comme *mawāt* et vivification deviennent d'un usage de plus en plus rare. Pour certaines parties de la Tunisie utile, le mot semble banni définitivement du langage juridique de l'époque : l'expression de *arḍ al-bāy* (ou terre du bey) s'utilise désormais dans les documents juridiques officiels, avant de devenir *arḍ al-baylīk* (ou terre du beylik) à partir de la seconde moitié du XVIIe[82].

La principale conséquence des nouveautés introduites par le pouvoir turc est sans doute la possibilité de l'appropriation de ces terres par des particuliers (institutions ou personnes physiques) autres que le *Bayt al-māl* ou son représentant légal, le beylik[83]. Abdelhamid Hénia a montré que le nouveau rapport à la terre, imposé par le pouvoir ottoman en Tunisie, a provoqué la naissance de nouveaux concepts et de nouvelles normes juridiques

---

[79] Le mot *hinšir* est d'un usage spécifiquement tunisien. L'usage actuel du mot lui attribue le sens qu'on retrouve d'une manière identique pratiquement depuis le début de l'époque coloniale : grand domaine seigneurial avec des *ẖammās* (ou métayers). Sur ce point, voir Hénia Abdelhamid, « Les terres mortes », *op. cit.*, p. 136.

[80] Hénia, « Terres *mawât* », *art. cit.*, p. 132.

[81] *Ibid.*

[82] *Ibid.*

[83] *Ibid.*

en matière foncière. L'analyse de l'évolution sémantique qu'a connue le mot *hinšir* à l'époque moderne, permet de rendre compte d'une telle dynamique[84].

[84] *Ibid.*, p. 135.

PARTIE II

Les *waqfs* des femmes (Awqāf al-Nisāʾ). Nature des biens et droits d'accès à la propriété

CHAPITRE 1

Fondatrices et propriété immobilière mise en *waqf*

Dans la littérature juridique, le statut de la propriété des biens *waqfs* est sujet à de multiples controverses entre les juristes : les uns considèrent que dès sa fondation, un bien devient propriété « suspendue » des usufruitiers et leur revient en toute propriété si le *waqf* est dissout. Les autres pensent que dès cet instant, il devient la propriété de Dieu, exactement comme les mosquées, et appartiendrait de fait à ce qu'on appelle aujourd'hui « domaine public ».

Certains juristes considèrent l'acte comme un don charitable. Tout d'abord, parce qu'il est finalement destiné à une institution, et que le don aux parents proches (*ḏawī al-qurba*) est lui-même un acte pieux. Ils le justifient par des recommandations « explicites » du Coran. Pour eux, les relations familiales sont représentatives des relations sociales, et le droit du *waqf* joint ainsi le domaine familial au domaine public[85]. Pour comprendre ces problèmes, il faut d'abord déterminer le concept de *waqf* selon les rites islamiques, qui est prôné par les écoles malékite et

---

[85] Sami Bargaoui, « Le *waqf* Redéfinitions des appartenances et inscriptions sociales », Institut de recherches et d'études sur les mondes arabes et musulmans (13 novembre 2015).

hanafite. Qu'est-ce qu'un (*waqf* ou *habous*) selon les différentes écoles religieuses *maḏāheb* en islam ?

1.1. LÉGISLATION DU *WAQF*

Le terme *waqf*, substantif de « *waqafa* et *awqafa* », veut dire littéralement « immobilisation ». Il désigne les biens connus en Occident et les biens inaliénables de mainmorte selon la jurisprudence islamique. Le *waqf*, mot arabe connu généralement comme *habous* chez les Nord-Africains et dans certaines régions subsahariennes. En français, il est équivalent au terme « fondation » et en anglais à « trust »[86]. Ainsi, faut-il préciser que « *aḥbās*, sing, *ḥubs* », désignent aussi la même institution mais leur utilisation de ce terme dans la jurisprudence islamique est plus ancienne que le terme « *waqf* ». Littéralement, le mot *waqf* signifie « arrêter, retenir, empêcher, immobiliser, etc. »[87].

En Tunisie, comme en Algérie, la doctrine (école) malékite est la plus répandue, même s'il existe encore des adhérents au rite hanafite. Ce dernier est utilisé en tant que rite officiel par les Ottomans, et a pris un élan important dans les régions tunisiennes et algériennes, surtout avec l'arrivée de l'armée dite « turque » (i.e. ottomane) envoyée par Istanbul au XVIe siècle. Il est encore plus suivi par certaines familles locales, dont le rôle politique à l'époque semble important. De nos jours, l'école hanafite au nord de l'Afrique n'est préservée que grâce aux descendants de la famille beylicale. Par conséquent, et en ce qui concerne

[86] Déguilhem, « Waqf », *Dictionnaire de la Méditerranée*, sous la direction d'Albera, Dionigi, Crivello Maryline et Tozy, Mohamed en collaboration avec Gisèle Seimandi, Arles : Actes Sud, DL 2016, France, 2016, p. 1555.
[87] Clavel (Eug), *Droit musulman, Le Waqf ou Habous d'après la doctrine et la jurisprudence (Rites hanafite et Malékite)*, tome 1, Imprimerie Diemer, Le Caire, 1896, p. 4.

le *waqf*, les écoles malékite et hanafite, même si elles ont des règles communes, chacune d'elles a ses propres lois qui la distinguent de l'autre.

Il y a trois catégories de *waqf* classées selon le type de bénéficiaires : le *waqf* religieux/public (*'āmm*), le *waqf* familial/privé familial (*ḏurrī*, également appelé *ahlī*) et le *waqf* mixte (*muštarak*) qui est une combinaison d'un *waqf* public et d'un *waqf* privé. Dans le cas de la Tunisie et l'Algérie, une recherche publiée, en 1899, en pleine période coloniale montre que les propriétés appartenant aux *waqfs* publics et privés occupent une grande partie du sol. Ce rapport a évalué l'étendue de ces terres qui atteint le tiers de la superficie totale du pays. Les propriétés possédées par les *waqfs* religieux comprennent, à elles seules, soit un sixième du territoire[88].

Les *waqfs* religieux/publics sont des fondations à dévolution pieuse ou à intérêt général immédiat. Dans ce cas, les revenus générés par les biens appartenant à un *waqf* sont distribués pour l'entretien des lieux à vocation religieuse comme les mosquées, les lieux de prière (*zawāya)*, les deux Lieux saints de La Mecque et de la Médine mais aussi à d'autres lieux comme les écoles. Ils servent aussi à l'entretien des fontaines publiques, des hospices et des lieux de soins, ainsi qu'à l'entretien des indigents. Sans oublier que les revenus des *waqfs* publics sont destinés à la maintenance des casernes également.

Dans le cas d'un *waqf* familial (*waqf* privé), le constituant (ou la constituante) pourrait se réserver tout ou une partie de l'usufruit des biens qu'il a cédés à son *waqf*. Il pourrait également faire profiter de l'usufruit de sa femme, ses enfants ou même sa descendance. Toutefois, après l'extinction de la descendance, le constituant devrait

---

88 Jean Terras, « Essai sur les biens *habous* en Algérie et en Tunisie, étude de législation coloniale », Thèse de doctorat, Imprimerie et Lithographie du Salut Public, Lyon, 1899, p. 169.

spécifier un destinataire religieux ou public pour les revenus de son *waqf* si les propriétés continuent d'être productives. Dans un tel cas, les revenus iront au profit d'une œuvre pieuse, publique ou religieuse comme les deux Lieux saints de l'islam, ou une mosquée spécifique indiquée par le fondateur du *waqf*, un lieu de prière, une école religieuse, un hôpital, etc.

Le *waqf muštarak* est un *waqf* mixte qui contient à la fois des éléments du *waqf* public et du *waqf* privé : le fondateur désigne des bénéficiaires publics et des bénéficiaires particuliers qui vont partager les revenus d'un *waqf*[89]. Autrement dit, les revenus sont partagés entre la famille du fondateur, sa descendance et les institutions religieuses ou publiques indiquées par le fondateur du *waqf* (mosquée, école religieuse, hôpital).

L'objet du *waqf* ou le *mawquf* est le bien que le constituant veut immobiliser en *waqf*. Il doit être susceptible d'être mis en *habous* : impérissable, physique, légitime, déterminé. Étant voués à un usage permanent, seuls les biens, qui sont pérennes et durables, peuvent faire l'objet d'un *waqf*. Pour les malékites, les biens représentent tout ce qui peut être approprié. Ils trouvent que le propriétaire est le seul à en disposer librement.

Les Chafiites attestent que le bien représente tout ce qui a une valeur marchande et qui engage son déprédateur, aussi infime soit-il, et tout ce que nul ne peut délaisser ou jeter tel qu'un « fils » ou quelque chose de semblable. Selon les hanafites, les biens constituent tout ce qui est désirable et qui peut être conservé pour être utilisé dans les moments de besoin, ou bien tout ce qui est désirable et qui peut faire l'objet de donation ou d'interdit[90].

---

[89] Sroor, Fondations pieuses en mouvement, *op. cit.*, p. 114.

[90] Louis Milliot, *Démembrement du habous ; menfa'a, gzâ, guelsâ, zinâ, istighrāq*, Paris, 1918, p. 546-547.

Au début des travaux jurisprudentiels en Islam, ces choses devaient être selon les principes du *fiqh*, des biens immeubles dont l'usufruit présentait un caractère de perpétuité et qui se trouvaient en pleine propriété et à la libre disposition du fondateur[91]. Mais, avec le temps, les changements sociaux et économiques ont enrayé la rigidité de ces principes et ont élargi le domaine de l'objet du *waqf* et obligé les jurisconsultes à faire évoluer le droit. Sans entrer dans les détails de chaque école juridique, on peut dire qu'en règle générale, le rite malékite autorise la constitution de meubles, alors que Abū Ḥanifa condamnait formellement le *waqf* des meubles.

En fait, les constitutions d'immeubles sont les plus fréquentes. La jurisprudence, même malékite, tend de plus en plus à interdire le *waqf* des meubles qui sont de nature facilement périssable et qui se concilient mal avec le principe de perpétuité[92].

1.2. LES FONDATRICES ET LEURS BIENS MIS EN *WAQF*

Dans le rite malékite, il existe des conditions de formation et de validité d'un *waqf* : la bonne capacité du constituant et de l'objet cédé au *waqf* devient donc la ressource qui produit des revenus pour le *waqf*, le but pieux ou social du *waqf* (le bénéficiaire des revenus) et la perpétuité du statut du *waqf*[93].

Le constituant est le propriétaire qui décide librement de mettre son bien en *waqf*. Quant aux conditions requises pour la validité d'une création d'un *waqf* (bien que, dans

---

[91] *Ibid.*

[92] Jean Terras, *Essai sur les biens habous en Algérie et en Tunisie*, *op. cit.*, p. 44.

[93] Luccioni, *op. cit.*, p. 48.

la pratique, des exceptions existent), le fondateur ou la fondatrice d'un *waqf* doit être majeur, libre de dettes, libre de la condition de l'esclavage et sain d'esprit ; le bien cédé au *waqf* devrait être possédé en pleine propriété par la personne qui établit le *waqf*[94].

Le constituant doit, en outre, être sain d'esprit et de corps. Il ne doit être ni aliéné ni malade. Dans les deux rites malékite et hanafite, le *waqf* constitué pendant la maladie du constituant est traité comme un legs. Il ne peut excéder le tiers du patrimoine ; au-delà, il est réductible. Lorsque le *waqf* est fait au profit d'un héritier du constituant du *waqf*, celui-ci est annulable, à moins qu'il n'y ait pas de cohéritiers ou que ceux-ci l'approuvent[95].

Parmi les autres conditions, il faut que le constituant soit propriétaire du bien cédé au *waqf*, il doit le posséder en pleine propriété, au titre *milk*. Néanmoins, certains savants hanafites ont admis la validité d'un tel *waqf* pourvu que le véritable propriétaire y ait consenti[96].

Une dernière incapacité intéressante à signaler. Il est interdit aux princes, pendant leur règne, de constituer en *waqf* avec les biens appartenant au domaine public (*Bayt al-Māl*) ainsi que les biens leur appartenant en propre[97].

1.2.1. Les biens dans la jurisprudence islamique, le *fiqh*

Les juristes conçoivent le patrimoine comme une entité unique, le *māl*. Celui-ci comprend les biens tenus pour effectifs, les choses (sing. *ʿayn*), et les créances (sing. *dayn*). Le droit musulman n'établit pas de différence

[94] Les stipulations pour créer un *waqf* sont analysées par Deguilhem, Randi, « Présentation du *waqf* dans l'espace islamique », dans Deguilhem, *Le waqf dans l'espace islamique. Outil de pouvoir socio-politique*, Damas, IFEAD, 1995, p. 15-18.
[95] Terras, *Essai sur les biens habous en Algérie et en Tunisie*, *op. cit.*, p. 40.
[96] *Idem.*
[97] *Ibid.*, p. 43.

fondamentale entre les biens meubles et les biens immeubles mais il en reconnaît différentes catégories comme, par exemple, celles des biens divisibles et indivisibles, fongibles[98] et non fongibles, commercialisables ou non commercialisables[99]. Les biens sont définis dans les dictionnaires de langue arabe comme suit : toute chose acquise par l'individu devient sa propre propriété, qu'il s'agisse d'utilités ou d'actifs réels.

Certains biens ne peuvent pas, en effet, faire l'objet de tractation à cause de leur nature sacrée (comme les édifices religieux, les biens de mainmorte, les tombes, etc.) et de leur appartenance au domaine public (voirie, aqueducs) ; de leur impureté religieuse (viandes interdites, vin, idoles, etc.) ; de leur essence même (mer, feu, air, etc.)[100] Il n'existe pas de législation foncière unique dans l'ensemble des pays musulmans. Louis Milliot, qui a tenté d'en résumer les principaux aspects, signalait déjà, il y a près de quarante ans, qu'on avait trouvé partout dans les régions musulmanes, un fond commun de règles qui ne varient que faiblement d'un rite à l'autre, une sorte de droit commun musulman de la propriété foncière. Mais le détail de la règlementation diffère profondément d'un pays à un autre[101].

L'objet du *waqf*, le *mawqūf* (الموقوف) est le bien que le constituant immobilise et cède au *waqf*. Ce bien doit être susceptible d'être mis en *waqf* : il doit être, a priori, de nature impérissable, physique, légitime et indiqué par le

---

[98] Les biens fongibles sont des choses dites de genre, déterminées seulement en quantité et qualité, par opposition aux corps certains qui sont individuellement définis par des caractéristiques propres. L'argent, le blé, l'huile ou le vin sont des biens fongibles ou de genre. Les choses fongibles peuvent être remplacées par n'importe quelle chose du même genre.

[99] Anne-Claude, Dero-Jacob, *op. cit.*, p. 120.

[100] *Idem.*

[101] Louis Milliot, *Introduction à l'étude du droit musulman*, Recueil Sirey, Paris, 1953, p. 496.

constituant qui en possède la disposition légale[102]. Le *waqf*, étant une affectation perpétuelle, seuls les biens qui présentent un caractère de pérennité devraient pouvoir être cédés au *waqf*[103].

Dans le rite malékite, les biens meubles appartenant à un *waqf* peuvent faire l'objet d'une vente lorsqu'ils deviennent impropres à l'usage du constituant du *waqf* concerné. L'argent provenant de la vente doit être utilisé pour acquérir un bien semblable qui devient ensuite la propriété du *waqf* en question. Pour ce qui est des immeubles, le principe est plus absolu chez les malékites ; même lorsqu'ils sont en ruine, il est interdit de les vendre ou de les échanger[104].

1.2.2. Les biens mis en *waqf* par les femmes

Les documents que nous avons consultés montrent que les femmes ont possédé des propriétés foncières, que ce soit à l'intérieur ou à l'extérieur de la ville de Tunis. L'origine de ces propriétés correspond à leur droit en Islam de posséder pleinement une propriété *milk*. En effet, l'Islam donne à la femme le droit d'héritier en pleine propriété de ses proches : de son père, elle reçoit la moitié de ce qui revient à son frère et à son mari, elle reçoit un huitième de l'héritage de celui-ci[105].

Le *waqf* dans la ville de Tunis à l'époque ottomane concernait presque toutes les différentes catégories sociales (militaires, ulémas, commerçants, artisans, propriétaires immobiliers, ainsi que des politiques comme les beys). Les *waqfs* des femmes (*Awqāf al-Nisā'*) concernent les femmes à plusieurs égards. Elles peuvent

[102] Luccioni, *op. cit.*, p. 52.
[103] *Ibid.*, p. 51.
[104] *Ibid.*, p. 62.
[105] Mussa Sroor, « La propriété immobilière des femmes », *art. cit.*, p. 35.

être bénéficiaires des *waqfs* créés par des hommes. Elles peuvent aussi être fondatrices de *waqfs* et, en même temps, bénéficiaires de leurs propres *waqfs*. Soulignons encore le fait que le *waqf* représentait également un outil utilisé par les femmes dans la société tunisienne durant l'époque étudiée.

Grâce aux documents étudiés, nous constatons qu'au début du XVIIIe et la fin du XIXe siècle, environ 30 % des biens *waqfs* sont constitués par des femmes. Cela montre l'importance du rôle joué par les femmes dans la création des biens *waqfs*. La hausse générale de la création des fondations *waqf*, à savoir à partir des années 1760, correspond à l'une des périodes les plus prospères économiquement dans l'histoire moderne de la Régence[106].

En Algérie, les femmes ont également été déterminantes dans la fondation des *waqfs*. Une étude réalisée par Aicha Ghattas, basée sur un échantillon de 818 biens *waqfs* entre 1584 et 1840, a montré que 22,86 % étaient des *waqfs* créés par des femmes[107].

L'historien Ouddène Boughoufala a étudié les *waqfs* des femmes dans la ville de Miliana à l'époque ottomane (1516-1830). Ce travail repose sur des documents officiels provenant des Archives Nationales d'Algérie, et plus exactement sur les registres (*siğilāt*) de *bayt al-baylīk* et les registres (*siğilāt*) des tribunaux religieux et les *Mahākim al-Šarʿiyya*. L'historien analyse à partir des actes des fondatrices du *waqf*, la nature de la propriété foncière en *waqf* et montre comment la femme algérienne a joué un rôle important dans la société urbaine ou rurale

[106] Hénia, 1999 ; Valensi, 1977.

[107] Ghattas, Aicha, "Ishām al-mara fi awqāf fī muğtamaʿ madīna al-Ğazāʾir fī al-ʿahd al-ʿuṯmānī" (La contribution de la femme aux *waqfs* de la société de la ville d'Alger à l'époque ottomane), *al Māğala al-Maġāribiya*, N°s 85/86, Tunis 1997, p. 101-102.

concernant les *waqfs*[108]. Cette situation s'applique aussi en Palestine[109] et dans la société safavide en Iran (du XVIe au XVIIIe siècle)[110].

Le plus ancien *waqf*, sur lequel nous avons travaillé, fut établi par Ḥāǧa Fāṭma bint Qāsim b. Mas'ūd b. 'Umrān en 1706 (1118 AH), qui était issue d'une famille de notables (*'a'yān)* installée dans la ville de Tunis depuis des siècles. Le *waqf* était composé de biens immobiliers commerciaux, d'une boutique (*ḥanūt*) et d'une maison située à la porte de Bāb Swīqa. De son vivant, sa fondation était sous sa tutelle, puis après sa mort, sous l'administration de ses enfants, et enfin sous celle des lecteurs de la mosquée Zaytūna[111]. La deuxième fondatrice du *waqf*, en 1710 (1122 AH), était Ḥāǧa Āmna bint Muḥammad al-Naǧǧār. Son *waqf* était composé aussi de biens immobiliers commerciaux, de l'ensemble du moulin, et de la maison, qui sont situés à la porte de Bāb al Ḫaḍra. Les revenus (usufruits) des *waqfs* lui étaient destinés, puis à ses enfants, et enfin aux Ḥaramayn[112].

La princesse 'Azīza 'Uṯmana avait constitué des *waqfs* au profit d'une fondation pieuse sur la base de plusieurs dizaines de milliers d'hectares situés entre El Jem et Ksour Essef. D'autres grands *waqfs* avaient été constitués au XIXe siècle pour l'entretien du Collège Ṣādikī, fondé par le bey, à l'initiative de Khereddine, ainsi que des *waqfs* dont les revenus étaient alloués à La Mecque, destinés à l'entretien des deux Lieux saints avec des terres situées à Testour, à Tébourba, etc.[113]

---

[108] Boughoufala, *art. cit.*
[109] Sroor, Musa, « La propriété immobilière des femmes », *art. cit.*, p. 31.
[110] Neystani, Mohammadreza, *art. cit.*, p. 51.
[111] A.N.T., Série C2, *Waqfs* lecteurs de Coran de la mosquée Zaytūna, dossier 137.
[112] *Ibid.*
[113] *Ibid.*, p. 64.

De plus, la Ḥağa Fātma bint Aḥmed, la petite-fille d'ʿUṯmān Bāy (1763-1814), et l'épouse de Ḥussīn b. ʿAlī, a immobilisé en 1827 (1242 AH) beaucoup de propriétés (héritage de son père) dans la région de Slimane au bénéfice des lecteurs de la mosquée Zaytūna[114], qui contenaient selon le tableau suivant 52 parcelles de terre complantées d'environ 22 760 oliviers :

Tableau 1

Les biens mis en *waqf* par Fātma bint Aḥmed, la petite-fille d'ʿUṯmān Bāy en 1827 (1242 AH) dans la région de Slimane

Nombre de parcelles de terre	**Nom de Sāniya (Champ)**	**Nombre d'oliviers**
Parcelle N° 1	Sāniyaẗ Alāb	439
Parcelle N° 2	Sāniyaẗ ʿAbād al-Barānī	720
Parcelle N° 3	Sāniyaẗ Šalaf	626
Parcelle N° 4	ʿAbād al-kabīr	672
Parcelle N° 5	ʿAbād al-Ṣaġīr	482
Parcelle N° 6	Al-Ṣiyāh	753
Parcelle N° 7	Al-Ṣumʿa	758
Parcelle N° 8	Sāniyaẗ	900
Parcelle N° 9	al-ʾAsīr	400
Parcelle N° 10	Mūsa	700
Parcelle N° 11	Ǧamīʿ Sāniyet Ǧnātra b. Mūsa	700
Parcelle N° 12	B. Mbārek	490
Parcelle N° 13	Rās al-Dār	407
Parcelle N° 14	Hirmās al-Ṣaġīr	188
Parcelle N° 15	Ḫalifa al-Akār	198
Parcelle N° 16	Hirmās al-kabīr	476
Parcelle N° 17	Ḫūḫāt	109
Parcelle N° 18	Sāniyaẗ	430
Parcelle N° 19	Dirbāl	107
Parcelle N° 20	Ben Mūsa	1 200

[114] A.N.T, Série C2, *Waqfs* lecteurs de la mosquée Zaytūna, dossier 90.

Parcelle N° 21	Al-Šarīf b. ʿAbdalāh	860
Parcelle N° 22	Al-Ḥāj Swīr Zahū	121
Parcelle N° 23	Ben Naʿīma Zahū	475
Parcelle N° 24	Sāniyaï	1 000
Parcelle N° 25	Al-Lāfī Zahū	106
Parcelle N° 26	Nišiw b. Ġarīb	100
Parcelle N° 27	Al-Wazīr al-Ṣaġīira	732
Parcelle N° 28	Al-Wazīr al Kabīra	1 000
Parcelle N° 29	Al-Mišmāša	562
Parcelle N° 30	Tāğūrī	463
Parcelle N° 31	B. Ġarīb Zahū	400
Parcelle N° 32	Dwīret al-Tūta	202
Parcelle N° 34	Ḥāj ʿ Alī al-Zinbrī	129
Parcelle N° 35	Al-Sūdānī al-Kbīr Zahū	306
Parcelle N° 36	Slīma Zahū	72
Parcelle N° 37	Dwīret Sālem al ʿAbānī	62
Parcelle N° 38	Zahū Būğnā	330
Parcelle N° 39	Ben Mūsa Ṣaġīra	868
Parcelle N° 40	Ḫūḫā	140
Parcelle N° 41	Dwīret Būlsān	117
Parcelle N° 42	Aḥmed al-Riyāḥī Ṣġīr Zahū	87
Parcelle N° 43	Al-Ṭ ūrfā	957
Parcelle N° 44	Al-Qsanṭīnī	427
Parcelle N° 45	Al-Ġūl	77
Parcelle N° 46	Tūrkī	194
Parcelle N° 47	Al-Sūdānī al-Brānī	27
Parcelle N° 48	Burquʿat b. Amur	180
Parcelle N° 49	B. Maḥmūd	37
Parcelle N° 50	Ğamīʿ al-Qismayn al-Qiblī Šarqī wa al-Qiblī Ġarbī	103
Parcelle N° 51	Ğamīʿ al qism awsiṭ min sāniyet b. sadrīn	490
Parcelle N° 52	Ğamīʿ Sāniyet Bīr al Muṭwī	230

Nos statistiques montrent que parmi ces biens *waqfs*, nous trouvons des maisons, des résidences, des palais et des bâtiments commerciaux tels que des hôtels, des boutiques, des boulangeries et des salles de bains, qui fournissent environ 47 % du total des biens *waqfs*, et qui sont essentiellement concentrés dans la ville (le sūq, quartiers, faubourgs, etc.).

D'autre part, en dehors de la ville, nous remarquons que la propriété foncière était constituée pendant la période ottomane et coloniale par deux grands types de biens : les olivettes et les *henšir-s* céréaliers ; avec des parcelles cultivées en jardins ou vergers (sānya), des arbres fruitiers, qui fournissent 43 % du total.

Pendant l'Empire ottoman et la période coloniale, les terres représentent les sources les plus importantes de production, constituent en même temps la première catégorie des ressources naturelles qui fournissent des revenus réguliers aux institutions du *waqf*. Les notaires ont utilisé un lexique rural très riche pour définir les biens *waqfs* des fondatrices : après les mots « tous جميع », il y a d'abord le mot *faddān*, qui signifie unité d'exploitation (champ), les termes *qiṭ'a* ou *buq'a* (morceau de terre) et *šrāk* (parcelle de terre allongée).

À l'exception du mot *henšīr*, qui ne désigne pas de plantations, les autres vocables s'emploient tout à la fois pour les terres à blé, les vergers et les jardins. Le *henšīr* peut être entouré de champs, de parcelles, de pièces de terre. Abdelhamid Hénia a montré que le nouveau rapport à la terre était imposé par le pouvoir ottoman en Tunisie et a provoqué la naissance de nouveaux concepts et de nouvelles normes juridiques en matière foncière. L'analyse de l'évolution sémantique qu'a connue le mot *henchir* à l'époque moderne permet de rendre compte d'une telle dynamique[115].

Nos recherches nous ont permis de fournir de multiples concessions foncières de femmes portant sur des *henshîr-s* au profit de dignitaires et d'institutions religieuses, notamment les *zāwiyâ-s*. Les *henšir-s* céréaliers se trouvaient dans les zones proches de la ville : Mornaguia, Mohamedia, Zaghouan, et plus loin encore, au nord-ouest dans les régions de Mateur, Mdjerda, Béja, etc. Nos documents montrent que les propriétaires femmes réussissent à s'acquérir un bien grâce à trois issues : l'héritage, l'achat et souvent par la voie de la donation.

Tableau 2

Les fondatrices et leur propriété immobilière mise en *waqf*[116]

Fondatrice, date	**Propriété, ville**	**Origine de la propriété mise en *waqf***	**Les bénéficiaires**[117]
Ḫadīǧa bint Abī al-ʿAbās Aḥmed ben Maḥjūb al-Ḥanafī 1791 (1211 AH)	Terrain (*arḍ*) Sīdī Dāwed	Héritage de son père	Le mari de sa sœur et son fils
Faṭma bent ʿAlī al-Šābī al-Andalusī 1845 (1261 AH)	Terrain (*arḍ*) Bāb Swīqa	Achat	Sa fille et son mari
Lilāhum bent ʿAlī al-Ġrāb 1799 (1213 AH)	Jardin (jnān) Ḥumut al Qanṭara Bāb Swīqa	Héritage de sa mère	Fils de sa fille
Ḫadīǧa bent Muṣṭafa al-Turkī 1775 (1190 AH)	Maison (dār) Bāb Bḥar	Achat	Sa fille

[115] *Ibid.*, p. 135.

[116] A.N.T., Série C2, « *Waqfs* lecteurs de la mosquée Zaytūna », dossiers 137 et 116.

[117] Le propriétaire déclare le transfert de sa propriété privée vers un statut de bien *waqf* et, en même temps, la désignation des bénéficiaires intermédiaires tels que ses enfants et les enfants de ses enfants, des revenus provenant de la propriété possédée par le *waqf* ; le dernier bénéficiaire (après l'extinction de la lignée des bénéficiaires) étant, par exemple, les Lieux saints de l'islam.

Maḥbūba bent al-Wazīr Slimān Kāhya 1840 (1256 AH)	Fonduq (hôtel) : Bāb Bnāt Deux Ḥanūts (boutiques) : Sūq al-Qumāš Trois maisons : Ḥumut Bīr al-Aḥǧārr Jardin (jnân) : Mornag	Héritage de son père	Ses deux fils
Āmna al-ʿAzīz bent Muḥammad al-Najār 1637 (1047 AH)	Maison (dār) Bāb Swīqa	Achat	Son fils et sa fille
Ḫadīǧa bent al-Ḥāǧ Muḥammad Qarīʿa 1720 (1133 AH)	Maison (dār) Bāb Bnāt	Héritage de son mari	Son fils et ses deux petits-fils
Ḥalīma bent Aḥmed al-Turkī al-Ǧazīrī 1775 (1189 AH)	Maison (dār) Bāb Swīqa	Achat	Sa fille
Ḥafṣiya bent ʿAlī al-ʿAyāšī 1783 (1198 AH)	Maison (dār) Bāb Swīqa	Donation de son mari	Sa fille et son fils
Sāsiya bent Ismaʿīl al-Turkī 1863 (1280 AH)	Maison (dār) Bāb Swīqa	Achat	Son mari et ses enfants
ʿAyša bent al-Ḥāǧ Muḥammad al-Šarīf et sa sœur Kbayra 1758 (1172 AH)	Terrain (*arḍ*) Bāb al-Ǧazīra	Héritage de père	Mosquée Al-Zaytūna
Kbayra bent ben Aḥmed ben Barakāt al-Būjādī et sa fille Oum Hānī bent Qāsim al-ʿAyārī 1880 (1297 AH)	Terrain + Hanshîr Oued Majerda	Héritage de père	Mosquée Al-Zaytūna
Sālma bent Muḥammad Ḫašrem et sa fille Fāṭma bent Abī al-Qāsim al-Šamsī 1718(1130 AH)	Maison (dār) Bāb al-Ǧazīra	Achat	Mosquée Al-Zaytūna
Mna bent Muḥammad ben Sāssī al-Wislātī 1867 (1248 AH)	Ḥanūt (boutique) Bāb Qarṭağana	Achat	Son serviteur
Mamiya bent ʿAbdalah al-Ḥāǧ Muḥammad ben Sāssī al-Ḥanafī 1748 (1198 AH)	Dix boutiques (Ḥanūt-s) Bāb Swīqa Bāb Mnāra	Héritage de son mari	Mosquée Al-Zaytūna

Les documents relatifs aux *waqfs* des fondatrices révèlent le rôle social des femmes en créant leurs propres *waqfs*. Les échantillons sur lesquels nous avons travaillé montrent que les biens possédés par les *waqfs* et établis par les fondatrices sont presque identiques à ceux qui produisent des revenus des *waqfs* accordés aux femmes bénéficiaires : une maison familiale, un jardin potager, des terres irriguées et des terres en friche (en préparation aux labours) situées dans les villes et les campagnes voisines. À ce genre de biens, les fondatrices avaient également inclus dans leurs *waqfs* des locaux commerciaux (*Ḥanūt* et *dukkān*).

Nous remarquons à partir de nos échantillons que les biens mis en *waqf* par les femmes proviennent, pour la plupart, de l'héritage paternel ou par l'achat. Le *waqf* créé par des femmes porte une particularité qui le distingue de celui des hommes dans la mesure où il peut être ouvert aux femmes étrangères à la famille, c'est-à-dire qu'une femme bénéficiaire qui ne serait ni la fille de la fondatrice, ni sa sœur. Suite à notre lecture de l'historique des biens mis en *waqf*, nous remarquons que les propriétaires appartiennent à la classe aisée des *Baldī* de Tunis[118]. Mais, généralement, toutes les catégories des propriétaires y sont représentées. Une homogénéité dans l'origine sociale des propriétaires n'est perceptible qu'au niveau de certains types de biens. Notre corpus a démontré que pour un bien urbain, notamment une maison d'habitation dans la médina de Tunis, les propriétaires appartenaient presque toujours à la même catégorie sociale.

Rappelons que la société de la ville de Tunis se caractérise à l'époque moderne par une structure relativement complexe où le cadre parental, contrairement

[118] *Baldī* : désigne une catégorie sociale de la société tunisienne, constituée de citadins fixés dans le milieu urbain de la capitale Tunis avant le XIXe siècle. Sur ce sujet voir Achour, Mohamed El Aziz, Catégories, *op. cit.*, p. 142-143.

au monde rural et tribal surtout, est sans cesse en rétrécissement et où la famille (*ʿayla*)[119] plus ou moins large, est identifiée par un patronyme propre, habitant la maison patriarcale et possédant un patrimoine foncier particulier et partant indépendante économiquement, constitue la cellule de base du tissu social[120].

Les femmes en tant que fondatrices du *waqf* jouaient un rôle important dans la société, et particulièrement, dans le choix des enfants majeurs qui seront bénéficiaires, ainsi que dans le choix de l'attribution des revenus de leurs *waqfs* aux orphelins et aux pauvres. Ce rôle permet de renforcer les rapports sociaux en dehors de la famille et de fortifier les liens familiaux lorsque les bénéficiaires sont issus de la famille biologique ou d'une alliance.

1.2.3. Mode d'acquisition des biens patrimoniaux

A priori, le droit de propriété ne s'acquiert pas à la suite d'une simple prise possession (*qabḍ*). La possession (*yad*) et la propriété sont différentes. La possession joue, en effet, en matière de transfert de propriété, un rôle très important et sa véritable nature juridique en matière de *waqf* est précisée dans le rite malékite ainsi : « La prise de possession est une formalité destinée à compléter le *waqf*

---

[119] Le terme *ʿayla* (la famille) désigne en fait, un groupe de parenté beaucoup plus vaste, un groupe de descendance issu d'un ancêtre masculin commun dont le patronyme est transmis en ligne agnatique. À Tunis, les *ʿaylāt* appelées aussi *aʿyān* (notables) constituaient la catégorie la plus élevée de la société tunisienne durant la période ottomane et coloniale, voir Ferchiou, Sophie, « Structures de parenté et d'alliance d'une société arabe : les *ʿaylāt* de Tunis », *Hasab wa nasab. Parenté, alliance et patrimoine à Tunis*, Paris, CNRS, 1992, p. 138.

[120] Hénia Abdelhamid, « Circulation des biens et liens de parenté à Tunis (XVIIe-début XXe siècle), *Hasab wa nasab. Parenté, alliance et patrimoine à Tunis*, p. 219-220.

et non à le nouer comme elle noue les contrats de donation : donation aumônière et donation viagère »[121].

En effet, l'objet de la propriété s'acquiert ou devient la propriété d'une personne déterminée, soit au moyen de l'achat (*širā'*), d'une donation (*hiba*), d'une aumône (*ṣadaqa*) ou d'un testament (*waṣiya*) ; soit par voie de succession (*mirāṯ*)[122]. Abdelhamid Hénia nous montre que l'accès de la femme aux biens patrimoniaux se fait, dans 88,24 % des cas, par le biais de l'héritage. L'achat, la donation et la dissolution des *habous* lui rapportent à peine 10 % des acquisitions[123].

a. Le droit de l'héritage

Le système juridique en Islam, en matière d'héritage (*al-tarika*), est régi par des règles définies par le Coran et la *šariʿa*. Ces règles sont appelées *farā'iḍ* (pluriel de *farḍ* : obligation فرائض). Les quatre écoles sunnites (hanafite, malékite, chafiite et hanbalite) ne considèrent pas la question de l'héritage de la même façon. Étant donné que l'école malékite est majoritaire en Tunisie, la pratique juridique tunisienne avait attribué aux magistrats malékites la compétence en matière de *farā'iḍ*, dont les règles s'imposent à l'auteur de la succession et à ses héritiers.

L'acte de transfert de l'héritage peut se produire d'un conjoint à un autre quand l'un d'eux meurt. Les documents dont nous disposons en contiennent de nombreux exemples : la fondatrice du *waqf* ʿAyšūšā bint Ḥammūda al-Srayrī (1740/1153 AH) a hérité de son mari, après sa mort, la moitié de la ferme d'Olivet[124]. Nous citons aussi le cas d'une autre femme fondatrice du *waqf*

---

[121] Pesle, *La donation dans le droit musulman (Rite malékite)*, Éditions Félix Moncho, Rabat, Maroc, 1933, p. 49.

[122] Chehata, *op. cit.*, p. 120.

[123] Hénia, « Circulation des biens et liens », *art. cit.*, p. 228.

[124] A.N.T., Série C2, « *Waqfs* lecteurs de la mosquée Zaytūna », dossier 109.

qui s'appelle Fāṭma Bint ḥāǧ Ḥussīn al-Ḥanafī (1801/1215 AH), et qui a hérité de son mari ʿAlī b. Muṣṭafa al-Ḥanafī toute la maison occidentale située dans le quartier Bāb Swīqâ[125].

On n'a trouvé aucun document qui prive une femme de l'héritage qu'elle reçoit de son mari ou de son père. On pourrait expliquer ceci par le rôle du juge du tribunal religieux dont la responsabilité est d'assurer une adhérence aux règles du droit musulman.

En effet, après la mort d'un individu, le juge devrait effectuer un partage légal des successions entre les héritiers, hommes et femmes[126]. Selon Doumani, par exemple, « à Tripoli, environ la moitié des propriétés dotées par les femmes ont été acquises par héritage »[127].

b. Le droit de vente

La vente consiste à transférer les biens d'une personne à une autre. Les contrats de vente et d'achat dans la jurisprudence sont soumis à des règles et à des conditions précises entre les deux parties suivant l'offre (*īǧāb*) et l'acceptation (*qubūl*). En droit musulman, la promesse de vente verbale est essentielle dans la formation du contrat. Les conventions doivent donc être oralement conclues, puis transmises oralement ou prouvées, au besoin, par la déposition des témoins qui les ont entendues et dans la mémoire desquels elles sont restées gravées[128].

Les documents étudiés révèlent que la vente était l'une des méthodes utilisées pour transférer la propriété : cette opération peut s'effectuer entre les époux, comme entre les

---

[125] *Ibidem.*

[126] Sroor, « La propriété immobilière des femmes », *art. cit.*, p. 36.

[127] Doumani, "Endowing Family", *op. cit.*, p. 13.

[128] Rāġib, Yūsuf, « La parole, le geste et l'écrit dans l'acte de vente », Arabica, T. 44, fasc. 3, *Voix et Calame en Islam médiéval*, Brill, Leiden 1997, p. 407-408.

époux et leurs enfants et leurs familles, et entre les enfants eux-mêmes, les frères ou avec des étrangers. Ces documents nous ont permis aussi de dégager certaines caractéristiques de la vente. En effet, elle ne se limite pas à un type de bien particulier, mais comprend également divers éléments : les biens immobiliers (maisons, magasins, fermes, terrains agricoles, etc.), les meubles et les appareils ménagers.

Nous avons découvert cinquante contrats d'achat de biens immobiliers effectués par des femmes. La plupart de ces cas de vente sont produits avec des personnes étrangères. Cela signifie que la propriété joue un rôle majeur dans la reconstruction et le renouvellement des réseaux sociaux entre individus et groupes locaux. Citons le cas de la femme Ḥāğa Āmna bint Muḥammad al-Naǧǧār 1737 (1149 AH) qui appartenait au groupe de Ras Al Jabal, qui est propriétaire d'une terre dans la ville de Monastir. Cette terre a été achetée par Ḥāǧ Muḥammad b. Muḥammad al-Twādī, un militaire de Metline[129].

Le premier paragraphe du document contient le témoignage de deux notaires de Ras Al Jabal, Muḥammad Būḥdīda et ʿAlī Būḥdīda, sur la validité de cette vente, en assurant leur connaissance des contractants. Ce certificat indiquait également que le vendeur en question était en réalité le propriétaire de cette terre obtenue par héritage de son père, et le but était de prouver que le vendeur était propriétaire du bien au moment de la vente[130].

D'après l'étude de certains autres documents, nous avons pu comprendre que les formules qui y sont contenues pour prouver la propriété du vendeur ont été fournies dans des formats similaires indiquant la propriété

---

[129] Metline : est une ville littorale du nord-est de la Tunisie située à soixante kilomètres au nord de Tunis, à 28 kilomètres au sud de Bizerte et à six kilomètres de Ras Jbel.

[130] A.N.T., Série C2, « *Waqfs* lecteurs de la mosquée Zaytūna », dossier 109.

du vendeur avec la preuve du droit de disposition de la vente, et que le prix a été réglé par l'acheteur. Dans ce contexte, nous pouvons également citer le cas de Ḫadīğa bint Aḥmad ben Moḥammad al-Ḥanafīen 1828 (1244 AH), qui est la propriétaire d'une terre achetée par Muḥammad b. al-Qašlīnī. Le contrat contient le témoignage de deux notaires et mentionne la validité de la vente[131]. Ces exemples montrent que les femmes ont acheté des biens, non pour établir des commerces mais pour se procurer les petites parts des propriétés, qui leur étaient vendues et qui servaient à augmenter leur capital.

c. La donation

Nos documents soulignent deux cas des femmes qui ont acquis leurs propriétés, grâce à une donation entre vifs (*al-hiba*) par le mari :

- Le cas de Faṭma bint ʿAlī al-Šābī al-Andalūsī, en 1845 (1261 AH)[132]
- Le cas de Ǧannāt bint Muṣṭafa al-Ḥanafī, en 1766 (1180 AH)[133].

La donation est un acte translatif de propriété. Mais est-elle considérée comme un contrat en droit musulman ? Pour certains auteurs, la donation serait une déclaration unilatérale : l'acceptation du donataire ne serait pas requise pour la formation de la donation. En droit musulman, et selon le rite hanafite, la donation est considérée comme un contrat impliquant un échange de déclarations et de la part du donateur et de la part du donataire[134]. D'après la doctrine (école) malékite, la

[131] A.N.T., Série C2, « *Waqfs* al-Ḥaramayn al-Šarīfayn », dossier 3.
[132] A.N.T., Série C2, « *Waqfs* lecteurs de la mosquée Zaytūna », dossier 100.
[133] *Ibid.*, dossier 17.
[134] Chehata, *op. cit.*, p. 61.

donation « consiste dans le transfert de la propriété d'un bien productif à une autre personne qu'on veut avantager, sans rien recevoir en échange »[135].

Cette définition montre que les droits sont exclusivement attachés à la personne et qu'ils ne sont pas susceptibles d'appropriation privée, par exemple, le droit de donner une personne en mariage ou de répudier[136]. En droit romain, la donation n'a jamais été considérée comme un « contrat ». Elle ne figure pas dans la liste des contrats nommés. Jusqu'au Bas-Empire, la convention de donation n'était pas obligatoire en elle-même. Mais pour donner une chose gratuitement et la faire passer dans le patrimoine du donataire, il fallait une *traditio*. Il a fallu attendre l'époque de Justinien pour conférer au « pacte » de donation une sanction légale[137]. La donation musulmane, tout comme la donation du droit romain classique, repose sur la « tradition » de la chose donnée[138].

Pour réaliser son intention libérale, le donateur dispose de deux moyens : d'abord, il peut signer avec la personne, qu'il veut avantager, un contrat par lequel il lui transmet la propriété d'un bien meuble ou immeuble. Il s'agit dans ce cas de donation directe. Le donateur peut aussi employer un procédé indirect, c'est-à-dire avantager cette personne par le biais d'une opération juridique différente de celle se rattachant aux libéralités. Par exemple, ayant une créance contre la personne qu'il veut gratifier, le donateur peut lui en faire une remise ou bien il peut renoncer à une succession dans le but de gratifier ses cohéritiers. Mais quel que soit le moyen employé par le donateur, il faut que le donataire accepte toujours la libéralité qui lui est faite.

---

135 Pesle, *op. cit.*, 49.
136 *Ibid.*
137 Chehata, *op. cit.*, p. 120.
138 *Ibid.*, p. 63.

La donation suppose essentiellement un échange de volontés entre le donateur et le donataire[139].

La donation, selon le rite malékite, fait partie de la catégorie des contrats associant deux contractants. Le donateur et le donataire manifestent verbalement, au moyen d'une formule non équivoque, leur accord, pour donner pour l'un et accepter pour l'autre. Par exemple, l'un dit : « Je vous ai donné tel objet », l'autre répond : « J'ai accepté »[140]. Toutefois, l'acceptation du donataire et le consentement des parties ne suffisent pas pour légaliser la donation. Bien qu'elle représente l'un des rares contrats qui, en droit musulman, ait un caractère formaliste, la donation ne sera valable que si le donataire prend possession de l'objet donné « la prise de possession constitue une condition de validité de la donation »[141].

Cette formalité de la possession, imposée par le législateur musulman comme une condition de la validité de la donation, est inattendue. Elle se présente comme une mesure isolée et contraire à l'orientation générale du droit musulman qui répudie toute espèce de formalisme[142]. En bref, la donation n'est valable, en droit musulman, que par l'acceptation du donataire et la prise de possession de l'objet donné (en arabe sing. : *ḥawz wa qubūl*)[143]. L'acceptation de la donation en elle-même ne soulève aucune difficulté. Elle lie la volonté des parties et réalise ainsi la donation, dont la deuxième étape est la prise de possession[144].

La loi musulmane manifeste un libéralisme exceptionnel en ce qui concerne les biens qui peuvent être

139 Pesle, *op. cit.*, p. 51.
140 *Ibid.*, p. 53.
141 *Ibid.*
142 *Ibid.*, p. 54.
143 *Ibid.*, p. 57.
144 *Ibid.*

donnés. Elle « peut faire l'objet d'une donation tout ce qui est susceptible d'être possédé même ce qui est incertain ou individus ». Selon le rite malékite, pour faire une donation valable, il faut que la chose donnée soit dans le commerce. « Néanmoins, certaines choses, telles qu'un objet incertain, un chien ou une créance, peuvent faire l'objet d'une donation »[145].

Il résulte de ces textes que la loi musulmane manifeste un libéralisme exceptionnel en ce qui concerne les biens qui peuvent être donnés. S'agissant d'autres contrats translatifs de propriété, comme la vente, elle interdit la transmission de toute une catégorie de biens, à peine de nullité, elle autorise la transmission de ces mêmes biens par voie de donation entre vifs[146].

Nous nous apercevons que la fondatrice joue un rôle remarquable dans la reconstruction des communautés locales. Cette constituante ne se réfère pas seulement au lien de parenté, ou aux règles successorales, ou aux dispositions juridiques du *fiqh*, pour construire sa fondation *waqf*. Mais il s'avère que la nature des relations sociales et le lien communautaire local, qui créent une certaine cohésion sociale, contribuent aux choix des dévolutaires.

Un étranger peut notamment s'intégrer dans la famille du constituant et devient membre d'une communauté locale. Ainsi, la notion de famille n'est-elle pas stable, voire fixe et définie par les liens de parenté. Elle peut être modifiée et reconstruite de différentes façons, et ce, à travers le choix et la perception de la fondatrice. Même si la constituante n'est pas mariée ou n'a pas d'enfants. Elle peut transférer son patrimoine à des dévolutaires étrangers.

---

[145] *Ibid.*, p. 128.
[146] *Ibid.*

Ce choix n'est pas arbitraire mais il est motivé par différentes raisons comme le lien d'appartenance.

1.3. LES FEMMES EN TANT QUE BÉNÉFICIAIRES

Le bénéficiaire du *waqf* (*al-mawqūf ʿalayhi*) est celui ou celle qui a le droit de profiter des revenus provenant de biens appartenant au *waqf* en vertu de la désignation du constituant. Le bénéficiaire est nommé par le constituant au moment de la formation de l'acte, selon la charte de création du *waqf*. Luccioni trouve que l'acceptation des bénéficiaires n'est pas une condition de validité du *waqf*. Lorsqu'il est constitué au profit de l'œuvre pieuse ou religieuse (un *waqf* public), la volonté du constituant suffit à lui donner un caractère définitif et exécutoire sans qu'il n'ait besoin de procéder à une formalité complémentaire (i.e. l'accord du bénéficiaire des revenus dudit *waqf*). Par contre, le *waqf* de famille (*waqf* privé) désigne les individus de la famille (ou hors famille) qui sont bénéficiaires des revenus d'un *waqf*. Dans ce cas, l'acceptation des bénéficiaires intermédiaires, qui n'est soumise à aucune condition de forme, est obligatoire[147].

Dans le *waqf* privé (*ḫāṣṣ*), le rite malékite exclut le constituant de la jouissance et de l'usufruit du bien *waqf* ; il exige la possession immédiate des revenus provenant à la fondation par les dévolutaires (clause obligatoire du *ḥawz wa qubūl*). Au contraire, le rite hanafite accorde au constituant le droit de bénéficier de l'usufruit du *waqf* et assure par la clause de l'irrévocabilité, la pérennité du *waqf*, entraînant l'adhésion de la grande majorité des constituants tunisois, même de rite malékite, dont la loi est la plus répandue dans le pays.

---

[147] Luccioni, *op. cit.*, p. 61.

Près de 60 % des donations que nous avons étudiées, ici, désignent avant l'institution finale la descendance du fondateur comme bénéficiaire des biens. Cependant, la liberté du fondateur lui permet de tracer une forme particulière de la famille qu'il souhaite faire bénéficier de ses biens[148].

Notre corpus révèle qu'à peu près 25 actes de *waqf* présentent le mari et sa femme parmi les usufruitiers du *waqf*. Mais certaines *waqfiyyas* privent la femme de son droit successoral. Les clauses du *waqf* sont donc très variées. En effet, dans certaines *waqfiyyas*, nous constatons que plusieurs femmes du fondateur sont bénéficiaires de la donation. Comme c'est le cas de ʿAtiya b. ʿAlī al Manūbī qui a rendu inaliénable une terre nue à la Manouba, en 1768 (1181 AH). Le premier dévolutaire est le fondateur lui-même, puis ses femmes Sāsiya bint ʿUbayd al-Manūbī et Mbārka bint Brahīm b. ʿAbedwahāb, ensuite ses enfants de la première femme, ʿAlī et ʿAzīza, ses enfants de la deuxième femme, Aḥmad, Fātma, Laṭīfa, Masʿūda. Après l'extinction des successeurs, l'usufruit est accordé définitivement à Al-Ḥaramayn al-Šarīfayn[149]. Il en est de même pour la fondation de Muḥammad b. al-ʿAyān al-Ṭrabilsī, qui a immobilisé en 1778 (1192 AH) tout un terrain de 65 oliviers au cimetière de l'Ariana pour lui-même, dans un premier temps ; pour ses femmes, Šādliya bint ʿUsmān al-Ḥannafī al-Bušāqī et ʿAyša bint ʿAbed al-Raḥmān al-Ġarbī, dans un deuxième temps, puis pour ses enfants ʿAlī, Mna et Sāsī. En dernier lieu, la destination du *waqf* sera au bénéfice d'Al-Ḥaramayn[150].

Certains documents du *waqf* précisent qu'il y avait des fondateurs qui privilégient leurs femmes par rapport à leurs filles, et ce, afin de protéger l'héritage de la famille

---

[148] Ben Achour, « Le *habous* ou *waqf* », *art. cit.*, p. 69-70.
[149] A.N.T., Série C2, « *Waqfs* al-Ḥaramayn al-Šarīfayn », dossier 52.
[150] *Ibid.*, dossier 54.

et de ne pas permettre qu'il soit à la portée d'un tiers lorsque la fille se marie. Nous prenons à titre d'illustration la *waqfiyya* rédigée par Muḥammad b. Sālim al-Ṭrabilsī b. al-Faqīh Muṣṭafa b. Rağeb al-Ḥanafī en 1703 (1115 AH). Celui-ci a aliéné un *henchir* qui contient 124 plantations d'oliviers dans la région de Solimane pour lui-même toute sa vie, puis pour sa femme Mabrūka bint Ḥassan b. Ḥadād al-Ṭrabilsī, pour sa fille ʿAyša, et pour les récitateurs qui lisent les *aḥzāb* à la *zāwiya* d'Abū al-Ḥassen al-Šādlī, après la disparition de la descendance[151].

Dans un autre document du *waqf*, nous avons remarqué ainsi que le fondateur susmentionné a immobilisé, en 1707 (1119 AH), un *henchir* qui contient 760 oliviers, connu sous le nom de *henchir arqūb al-Ḥalūf* à Solimane à son profit, de son vivant, pour sa femme et enfin, au profit des récitateurs qui lisent les *aḥzāb* de la *zāwiya* d'Abū al-Ḥassen al-Šādlī. Nous constatons donc que ce donateur a privé ʿAyša des biens de la donation. Nous supposons que cette privation de la donation est due au fait que ʿAyša est mariée[152].

Nous citons aussi le cas de la constituante Fātma bint, le défunt ʿAbdalāh al-Turkī al-Ḥanafī, qui a fondé un *waqf*, en 1848 (1264 AH), une maison située à Bāb al-Ğadīd en faveur de sa cousine Muna bint, le défunt Ismaʿīl al-Ḥanafī et de son esclave affranchi Yūnes b. Sālem. Chacun d'eux dispose de la moitié du patrimoine. En cas de décès de Muna, sa part va au profit de son beau-fils, ʿAlī ben Muḥammad al-Turkī al-Ḥanafī al-Ğāzīrī et de ses descendants. Le *waqf* est concédé au dévolutaire final, les lecteurs du *ḥizb al-ʾusbūʿ* (sept lecteurs du Coran) de la mosquée Zaytūna. Quant à la deuxième part du patrimoine, en cas de décès de l'affranchi Yūnes, la

[151] A.N.T., Série C2, « *Waqfs* zāwiya Sīdī Belḥassen al-Šādlī », dossier 37.
[152] *Idem*.

dévolution passe à ses successeurs jusqu'à extinction, et elle passe ensuite à l'affranchie, Sinda bint ʿAbdalāh al-Tinbaktāwī, ses enfants et toute sa descendance. La donation *waqf* est transférée en dernier lieu aux sept lecteurs de la mosquée Zaytūna[153].

Il ressort du texte de la *waqfiyya* que la constituante n'a pas de descendants bénéficiaires. En effet, les deux critères définis pour la désignation des héritiers sont, d'une part, la relation avunculaire du côté maternel, puisque le premier dévolutaire est la cousine et de son fils et, d'autre part, la relation du maître à son esclave affranchi (*ʿala walāʾ*). Donc, il s'instaure un lien assez fort entre l'affranchisseur et l'affranchi qui est considéré comme un membre de la famille.

De même, un serviteur ou une servante peut jouir des revenus du *waqf*. À preuve, une *waqfiyya* qui date de 1867 (1305AH), et qui est fondée par *Mna*, la fille du défunt Muḥammad b. Sāsī al-Wislātī, qui, a immobilisé sa maison et sa boutique sises à Bāb Qarṭağana pour elle-même de son vivant, et puis pour sa servante Sālḥa, fille du défunt Aḥmed al-Turkī al-Ḥanafī et ses descendants. La fondation du *waqf* octroie la dévolution finale à la *zāwya* de Sīdī Belḥassen al-Šādlī[154].

---

[153] A.N.T., Série C2, « *Waqfs* lecteurs de la mosquée Zaytūna », dossier 109.
[154] A.N.T., Série C2, « *Waqfs* zāwiya Sīdī Belḥassen al-Šādlī », dossier 6.

CHAPITRE 2

Les femmes dans les successions *waqfs*

Les études portées sur le *waqf* ont montré que, plus que d'autres actes juridiques, le *waqf* est destiné à libérer le fondateur des règles trop restrictives de l'héritage. Le droit musulman favorise les agnats du *de cujus*, à descendance masculine, non seulement, ses ascendants et les collatéraux mais institue aussi une part à la parenté féminine, les filles en particulier. Ces dernières protègent cette définition de la succession en limitant la marge de manœuvre du *de cujus*, notamment en limitant les portions de la succession transmises par donation ou testament[155]. À ses débuts, d'ailleurs, le *waqf* a eu des adversaires. Certains juristes des VIIe et VIIIe siècles trouvent que le terme n'est pas mentionné dans le Coran, donc, selon eux, il va ouvrir la voie à la transgression des règles coraniques de l'héritage[156].

Plusieurs chercheurs ont avancé qu'il s'agissait d'un moyen pour exclure la descendance féminine des fondateurs, en renforçant le caractère agnatique et patriarcal de la société, qui est en harmonie avec l'idéologie discriminatoire et l'organisation tribale

[155] Sami Bargaoui, « Le *waqf* », *art. cit.*
[156] *EI²*, « Wakf » ; AHMAD Z., 1987; HENNIGAN P. C., 2004.

dominante dans la société de l'époque[157]. D. S. Powers, quant à lui, a signalé que les femmes et leurs descendances sont fortement présentes dans les *waqfiyyas* de l'Occident musulman médiéval, estimant ainsi que ces sociétés ne sont pas « aussi rigidement patriarcales [comme] il a été dit »[158]. Sophie Ferchiou a montré, à son tour, dans son étude à partir du cas tunisois, que la descendance féminine est rarement exclue, et qu'elle est en général une bénéficiaire résiduelle[159].

2.1. Exclusion des femmes selon les rites malékite et hanafite : exclusion totale ou partielle ?

L'islam n'exclut pas la femme de la succession. D'ailleurs, le Coran définit sa situation économique comme entièrement dépendante. L'exclusion des filles de la succession du *waqf* est une pratique très répandue au sein des sociétés musulmanes avant l'époque ottomane. Une telle pratique va à l'encontre du texte coranique et des dispositions relatives aux droits successoraux. Elle a été contestée par les juristes malékites, qui ont reconnu à la femme son droit à la jouissance des biens du *waqf*[160].

Le dispositif d'exclusion des filles des revenus du *waqf* au profit des descendants mâles traduit la mentalité discriminatoire machiste des fondateurs. En effet, la structure sociale musulmane explicite essentiellement cette prédominance patriarcale et préfère accorder l'héritage aux agnats mâles parce qu'ils portent le nom du

---

157 Mercier E., 1899, p. 131 ; Pesle O., 1958, p. 75 ; Layish A., 1995 ; Layish A., 1997 ; Doumani B., 1998; Carroll L., 2001.
158 Powers D. S., 1993, p. 385-386.
159 Ferchiou S., 1992, p. 266-267.
160 *Idem.*

père et qu'ils constituent des successeurs « légitimes », contrairement aux filles qui se marieront par la suite et, par conséquent, elles deviendront membres des familles de leur époux.

Pour sa part, Sophie Ferchiou a souligné qu'il n'y a d'exclusion féminine que chez une minorité de fondateurs, et que les hommes sont plus favorisés par rapport aux femmes[161]. Le code islamique de l'héritage encourage cette suprématie masculine, en défavorisant les femmes non seulement au niveau de la répartition des parts, mais également au niveau des priorités dans la distribution des biens parmi les ayants droit.

La législation coranique distingue deux types d'héritiers : les héritiers *ʿaṣab* qui sont les agnats (les mâles qui sont reliés au défunt par des parents masculins) et les héritiers *farḍ* qui sont en majorité des femmes, et notamment la fille du défunt, sa mère et son épouse (en leur absence, la fille du fils, la sœur germaine, la demi-sœur agnatique, la sœur du père et la mère du père)[162]. Lorsqu'une fille se trouve la seule héritière de l'un de ses parents, la part qui lui revient correspond à la moitié des biens, l'autre moitié est attribuée aux agnats *ʿaṣab*[163].

Au milieu rural, la terre constitue la principale forme de richesse, et la tradition oblige les filles à renoncer à leur part d'héritage pour ne pas déposséder leurs frères[164]. Mais, en milieu urbain, et notamment dans la ville de Tunis, lorsqu'elle se marie, la fille ne cède pas sa part à ses frères. L'effet de l'héritage féminin sur la circulation des biens est ainsi différé, médiatisé, mais il reste souvent suffisamment important pour être considéré comme une menace pour la sauvegarde des biens patrimoniaux.

---

[161] *Idem.*
[162] *Ibid.*, p. 253.
[163] *Ibid.*
[164] *Ibid.*, p. 254.

2.1.1. Exclusion totale des femmes selon le rite hanafite

Notre étude nous a permis de découvrir une culture très répandue à Tunis. Plusieurs *waqfiyyas* attestent que les filles sont totalement écartées de leur droit de jouissance en *waqf*. Les fondateurs de ces *waqfiyyas* n'appartiennent ni à un lieu précis ni à une catégorie précise. Même les *ʿulamā'*[165] ont adopté cette stratégie de privation des filles dans leurs textes. Citons à titre d'illustration le *faqīh* Muḥammad al-Nāblī, qui a immobilisé en 1819 (1234 AH) une collection de livres de Ḥadīṯ et de fiqh dont l'usufruit est attribué à ses fils, aux enfants à naître, puis aux petits-fils et aux arrière-petits-fils jusqu'à extinction des successeurs mâles, en privant sa descendance féminine. Les biens du *waqf* sont accordés en dernière destination à la mosquée Zaytūna[166].

Dans la même optique, le fondateur Muḥammad b. Muḥammad Qabādeq a aliéné, en 1863 (1280 AH), toute sa maison à Solimane dont l'usufruit est concédé à ses deux fils, Muḥammad et ʿAlī, à ses enfants à naître, puis aux agnats mâles jusqu'à extinction. La descendance féminine n'était pas concernée. Le *waqf* revient enfin à la mosquée Zaytūna. Citons le texte de la *waqfiyya* :

الحمد لله اشهد المكرم الآجل السيد الشريف محمد بن المرحوم الشريف علي قبادق السدس وسدس نصف السدس منه على الشياع من جميع الدار الشرقية الباب المحدودة المذكورة بمحوله على ولديه الموجودين الآن وهما محمد وعلي وعلى من يتزايد له في بقية عمره من الذكور فقط دون

---

[165] Le terme *ʿulamā'* est issu du mot *ʿilm* qui a le sens général de connaissance et de savoir. Le *ʿilm* est d'abord « celui qui sait », celui qui possède le savoir religieux : Coran, tradition du Prophète ou *ḥadīṯ*, principales gloses, outre les « sciences » auxiliaires de la philologie, de la grammaire, de la logique, etc. Ce *ʿālim* représente donc l'islam scriptural, celui des lettrés et, en gros, celui des notables citadins accessibles à la culture écrite et capables d'en entretenir financièrement l'infrastructure. Sur ce sujet, voir Ben Achour, « Catégorie de la société », *op. cit.*, p. 152.

[166] A.N.T., Série C2, « *Waqfs* lecteurs de la mosquée Zaytūna », dossier 109.

الإناث ثم على ذريتهم وذرية ذريتهم وذرية ذريتهم الذكور منهم فقط دون الإناث وهلم جرا ما تناسلوا وامتدت فروعهم[167]

Force est de constater qu'à partir de ces actes du *waqf*, la répartition des parts successorales s'est basée sur une certaine inégalité entre les hommes et les femmes. Il en est de même pour Muṣṭafa b. Ḥāğ Yūssef Darġūṯ al-Ḥanafī qui a construit en *waqf* en 1816 (1231AH) une maison et un magasin situés à Bāb Mnāra. Il a mentionné qu'il en était le premier dévolutaire, et que les deuxièmes bénéficiaires étaient ses fils les *fuqaha-s* : Abū al-ʿAbes Aḥmad, Abū al-Ṯanāʾ Aḥmad, Abū ʿAbdalāh Muḥammad et Abū al-Ḥassen ʿAlī, puis les successeurs masculins, en excluant la descendance féminine. S'il ne reste aucun successeur de la famille, le *habous* est destiné aux lecteurs de son *ḥizb*[168].

Comme nous l'avons dit, le système d'exclusion des filles des bénéfices du *waqf* est dû à plusieurs raisons dont la plus remarquable est le mariage et son appartenance à une autre famille. Mais si la fille reste célibataire, elle jouit de son droit de succession. Cet extrait du *waqf* le montre bien :

بشرط ان تكون عزبة خالية عن زوج فان كانت متزوجة فال حق لها في ذلك اصال وان ماتت رجع نصيبها لبنيه المحبس عليهم

En Algérie aussi, cette pratique d'exclusion complète de la succession féminine est aussi répandue. Ouddène Boughoufala, dans son étude des *waqfs* à Miliane, nous montre que certains fondateurs excluent toutes les générations féminines des bénéfices des revenus du *waqf*.

[167] *Ibid.*
[168] *Ibid.*

Disposition constatée dans un *waqf* établi à Blida en 1780 (1194 AH)[169].

Dans son étude de certains cas de la ville du Kef, Sami Bargaoui estime que, autour de 63 %, les filles ne pourraient pas être bénéficiaires de leur part de l'usufruit, même si elles restent célibataires. L'exclusion des filles de la transmission n'est, cependant, pas systématique puisque, dans près de 19 % des cas, les fondateurs ont choisi un mode de transmission généralisé à l'ensemble de la descendance. D'autres ont considéré la descendance féminine comme bénéficiaire résiduelle, après l'extinction de toute descendance mâle (près de 10 %)[170].

2.1.2. Exclusion partielle des femmes selon le rite malékite

Le constituant peut, selon les règles du *waqf*, désigner comme bénéficiaire une partie de sa descendance féminine et exhéréder l'autre. En effet, et comme nous l'avons vu, le rite malékite interdit l'exclusion des femmes au niveau de la première génération de descendance. Le deuxième diagramme représente une sorte d'exclusion partielle de la succession. Autrement dit, les filles de la première génération sont dévolutaires des revenus du *waqf*. Mais à partir de la deuxième génération, les filles sont écartées de la succession.

Par ailleurs, notre corpus nous démontre que même si la fille bénéficie des revenus du *waqf*, elle n'a pas le droit de transférer sa part à ses enfants et surtout à ses filles, donc, à toute la descendance de la famille. La fille jouit notamment de sa part du *waqf* durant sa vie mais, en cas

[169] Boughoufala, *art. cit.*, p. 18.
[170] Bargaoui, Sami, « Le *waqf* », *art. cit.*

de décès, sa part de la donation revient aux dévolutaires du *waqf* et à leurs descendants masculins seulement.

Faut-il rappeler que le *waqf* est l'une des procédures à laquelle recourt le fondateur pour transmettre ses biens patrimoniaux à ses héritiers ? En cas d'exclusion de la dévolution des biens, la personne concernée essaie de demander sa part d'héritage aux ayants droit, mais ces derniers refusent souvent. Une telle situation amène à un conflit entre les acteurs.

L'exclusion d'un partenaire de l'héritage est l'une des causes majeures du conflit conjugal, qui peut même engendrer l'élimination de la fondation *waqf*. Citons à titre d'exemple l'acte du *waqf* de Ṣālaḥ b. Ḥāǧ Aḥmad S'īdī, qui date de 1861 (1278 AH). Le donateur a soumis en *waqf* une maison avec une entrée à l'est, située à Bāb al-Fala pour lui-même de son vivant, et puis, en faveur de sa femme, Šalbia bint Muḥammad al-Ġunāy, et enfin, pour la *zāwiya* d'Abū Yaḥya. Le fondateur a engagé une procédure judiciaire chez le cadi malékite, Ṣālaḥ al-Nayfer, pour solliciter l'annulation de l'institution *waqf* en question et donc, pour lui permettre de reprendre son bien patrimonial. Cette demande a été motivée par le fait que le *waqf* en question n'était pas soumis à la clause obligatoire du *ḥawz wa qabūl*. Sa femme a déposé une plainte contre son mari en l'accusant de l'exclure des revenus du *waqf*. Elle l'a contredit en pensant que, bien qu'elle ne contienne pas la clause du *ḥawz wa qabūl*, la fondation respecte les conditions de l'acte du *waqf* grâce à sa formule. En revanche, le cadi a jugé que le *waqf* était invalide puisqu'il ne se soumettait pas à la clause nécessaire du *ḥawz wa qabūl*, et ce, en se référant à l'école de droit malékite qui dit que le bien en question revient à son propriétaire[171].

---

[171] A.N.T., Série C2, « *Waqfs* zāwiya Sīdi Abī Yaḥya al-Slīmānī », dossier 36.

Parmi les complications de l'institution *waqf*, c'est que certains individus se disputent à cause de la mauvaise répartition des revenus du *waqf* entre les dévolutaires. En effet, nous avons eu recours à une *waqfiyya* qui était fondée au profit d'Al-Ḥaramayn al-Šarīfayn en 1851 (1268 AH). Le texte de la *waqfiyya* note qu'après le décès du constituant, Ḥassīn b. Ḥāğ Aḥmad al-ʿAyān al-Ṭrabilsī, la succession est attribuée à ses deux femmes, ʿAyša bint ʿAbdelraḥmān al-Ġarbī et Šalbiya bint ʿUsmān al-Ḥanafī, à ses enfants : Sāssī, de la première femme et Mna et ʿAlī, de la deuxième femme[172].

Après le décès de Mna, sa part de l'héritage revient à sa mère Šalbiya, et à ses deux frères susmentionnés. Après la mort d'ʿAlī, sa part de succession est octroyée à sa mère Šalbiya et à son frère, Sāssī. Suite au texte de la *waqfiyya*, la première épouse ʿAyša, qui a refusé la répartition de l'héritage au profit de la deuxième épouse et de ses enfants, a déposé une plainte chez le cadi hanafite en contestant la validité de l'acte de fondation sous prétexte que le constituant n'était pas sain de corps et d'esprit lorsqu'il a écrit le texte de la *waqfiyya*. La femme a nommé une personne pour réclamer ses droits ainsi que les droits de ses enfants. Le cadi n'a jugé valide le texte de la *waqfiyya* que pour le tiers des biens du *waqf*. C'est-à-dire que les deux autres tiers vont être répartis entre les héritiers en suivant les prescriptions coraniques en matière d'héritage[173].

Par ailleurs, les juristes s'accordent sur le fait que le jugement du cadi met fin aux conflits et aux désaccords entre les parties en question. Ce jugement ne se fait que lorsque certaines conditions seront remplies. En effet, la procédure sur le *waqf* n'a lieu qu'en présence des deux

---

[172] A.N.T., Série C2, « *Waqfs* al-Ḥaramayn al-Šarīfayn », dossier 42.
[173] *Ibid.*

parties, c'est-à-dire le demandeur ou « le requérant » et l'adversaire ou « le défendeur ». De même, si le cadi a jugé un acte selon l'école de droit adoptée, l'autre juge qui prône une autre doctrine n'a pas le droit de le contredire. Une telle condition émise par les juristes permet de garantir l'autorité du système judiciaire, même si les points de vue du *fiqh* divergent.

Le bey peut aussi intervenir pour résoudre les conflits formels entre les héritiers du *waqf*. Tel est le cas de Muḥammad al-Sādek Bāy (1859-1882), qui engage le cadi malékite Ṣālaḥ al-Nayfer à juger des plaintes sur le *waqf* en suivant les dispositions juridiques malékites. Le cas de Ṣālaḥ b. Ḥāǧ Aḥmad al-S'īdī, qui a immobilisé en *waqf* la totalité de sa maison en 1861 (1278 AH), est bien révélateur. Mais ce constituant a intenté une action en justice au cadi pour demander l'élimination de la fondation *waqf* et de la rendre un bien privé puisque l'acte ne contenait pas la clause de *ḥawz*. Mais sa femme, Šalbiya bint Muḥammad al-Ġunāy, qui était dévolutaire de la donation, l'a contredit en revendiquant que la *waqfiyya* respecte dans sa structure les consignes de la procédure *waqf*.

Le cadi susmentionné, et après l'étude du texte de la *waqfiyy*a, a jugé que la fondation en question était invalide et, par conséquent, annulée. De ce fait, le cadi a mis fin au désaccord entre les adversaires et a évité la divergence des points de vue des juristes sur l'affaire comme le montre l'extrait de ce document :

وقعت نازلتها لدى مولانا القاضي المالكي المخاطب بتذكرة مولانا وسيدنا وهو الهمام التحرير الفاضل العلامة القدوة الكامل الحجة العمدة المتوكل على مولانا اللطيف السيد الحاج صالح النيفر الشريف القاضي المالكي ادام الله رعيه وشكر سعيه وتقرر خصامهما بين الخصمين لديه بتأمل رعاه الله تعالى من دعوى القيام ومن جواب المرأة المحبس عليها ومن رسم الحبس اعلاه تأملا تاما واجرى النازلة تأملا تاما واجرى النازلة على قواعد مذهبه

المالكي الذي يظهر له ان الحبس فاسد وعن طريق الصحة صاير لخلوه عن الحوز والقبول اذ احدهما شرط والاخر ركن والماهية الشرعية تنعدم بانعدام جرت منها ولما ظهر له ذلك وبان له ما هنالك اشهد مولانا الشيخ القاضي المالكي المترافع لديه احسن الله اليه انه حكم بحل الحبس وابطاله ولغوه واهماله ورجوع الدار المحبسة المذكورة ملكا لمحبسها المذكور يتصرف فيها بما شاء من انواع التصرفات لما قدر وحرر حكما تاما نفذه وامضاه والزم العمل بمقتضاه رافعا فيه الخلاف الواقف بين الأئمة الاشراف فلا سبيل لحله بعد ابرامه ولا لنقضه بعد احكامه صدر منه بمجلس حكمه وفصل قضائه على عين الخصمين المترافعين المذكورين.[174]

2.2. Le droit à l'usufruit sans droit de transmission

2.2.1. En règle générale

Dans le droit musulman, les agnats du *de cujus* ont favorisé leur descendance masculine en premier lieu, leurs ascendants et collatéraux, mais une part à la parenté féminine est aussi instituée, pour leurs filles en particulier. Le droit musulman protège cette définition de la succession en limitant la marge de manœuvre du *de cujus*, notamment en limitant les portions de la succession transmises par donation ou testament.

Le *waqf* se transmet d'une génération à une autre jusqu'à sa destination finale que le fondateur a signalée dans sa *waqfiyya*. Ce transfert s'effectue de deux manières : la première possibilité de transfert comprend tous les héritiers : les premiers dévolutaires sont les enfants du donateur sans aucune distinction de sexe, puis se succèdent leurs descendants. La deuxième manière est plus fidèle à ce que dit le *fiqh*, l'homme obtient une part deux fois plus élevée que la femme, comme c'est le cas déjà pour l'héritage. Ce type de transfert se base

---

[174] A.N.T., Série C2, « *Waqfs* zāwiya Sīdi Yaḥya al-Slīmānī », dossier 36.

essentiellement sur les deux mots-clés : « les enfants » et « les descendants », quels que soient leurs sexes.

Les femmes, lorsqu'elles ne sont pas exclues de la succession, n'ont pas automatiquement le droit de transmettre leur part à leurs enfants. Si l'acte de constitution ne donne aucune précision concernant la transmission des droits de succession, celle-ci se fait en ligne agnatique en ne donnant aux femmes le droit à l'usufruit que quand elles sont encore en vie. Après leur mort, la part dont elles bénéficiaient revient aux collatéraux masculins et à leur descendance. Le droit à l'usufruit attribué aux femmes peut lui-même être soumis à certaines conditions liées, d'une part, à la situation matrimoniale des bénéficiaires et, d'autre part, à leur appartenance à une génération déterminée de descendants[175].

2.2.2. La condition de célibat

La plupart des actes de constitution *waqf* (en particulier lorsque le fondateur est un homme) mentionnent que « les femmes sont exclues sous réserve de célibat » ; cela signifie que les femmes ne peuvent bénéficier du bien que si elles sont veuves, divorcées ou pas encore mariées. Car dans la société traditionnelle, lorsqu'elles sont mariées, les femmes sont sous la dépendance des biens familiaux[176].

Nous citons le cas de Ḥussīn Ḫaznadār b. ʾIbrahīm al-Šarīf al-Ḥanafī qui a immobilisé, en 1704 (1116 AH), une maison et un magasin, à son profit d'abord, au profit de sa femme ensuite, Mna bint ʿAbdalāh, qui est d'origine berbère et de ses filles ʿAyša et Fātma. Après la disparition de la famille du constituant, les revenus du

[175] Ferchiou, « Le rôle des femmes », *art. cit.*, p. 43-44.
[176] *Ibid.*, p. 44.

waqf seront attribués aux Ḥaramayn. Le mari a signalé que sa femme peut bénéficier du bien *waqf* de son vivant, mais à condition qu'elle ne se remariera plus. Si cette épouse est morte, sa part du *waqf* se transmettra à ses filles qui sont déjà dévolutaires de l'usufruit[177].

L'étude de notre corpus nous a permis de démontrer que 90 % des fondateurs du *waqf* en droits malékite et hanafite privent leurs femmes de l'héritage quand ces dernières se remarient. Cette exclusion n'est pas gratuite mais elle vient du fait que le fondateur veut l'empêcher de se remarier une seconde fois. Mais si la veuve épouse un autre homme, elle perdra automatiquement le droit à la succession de son premier mari.

La privation de la femme de son droit à la succession dans l'institution du *waqf* est une disposition fortement présente également dans d'autres provinces ottomanes à l'instar de l'Algérie. Plusieurs expressions sont employées dans les *waqfiyyas* pour exprimer cette condition, telles que « شرط الزوج أن تبقى زوجته أيما ». En Tunisie, les fondateurs mettent en lumière cette imposition en expliquant que lorsque la femme se remarie après la mort de son époux, elle est interdite de l'usufruit du *waqf*. Cet extrait le prouve :

وعلى زوجه الحرة خديجة بشرط كونها عزباء بعد وفاته فاذا تزوجت سقط حقها ولم يعد [178]

Nous constatons donc que le transfert de l'usufruit au sein du couple marié n'a lieu que si le couple garde le lien du mariage, même après la mort de l'un des partenaires. Le fondateur vise notamment, par cette disposition, à protéger l'héritage familial contre toute sorte d'effritement

---

177 A.N.T., Série C2, « *Waqfs* al-Ḥaramayn al-Šarīfayn », dossier 49.

178 Pour sa noble femme Ḫadīğa à condition qu'elle reste veuve après sa mort. Or, si sa femme se remarie, son droit tombe en désuétude.

causé généralement par le mariage ou l'alliance avec des tiers.

Le rite hanéfite peut exclure les femmes de la première génération, mais il donne le droit à l'usufruit (avec ou sans condition de célibat) au reste de la descendance féminine en ligne agnatique. Il peut également donner l'usufruit uniquement, seulement dans le cas de célibat de toutes les femmes de sa descendance. Se conformant au rite malékite, les femmes de la première génération ne sont pas exclues, mais, et toute sa descendance féminine a droit à l'usufruit avec ou sans condition de célibat.

Parmi les formes de discrimination entre les enfants que notre corpus met en exergue, figure le *waqf* par ordre générationnel *ʿalā al-ṭabaqāt* **'الوقف على الطبقات'** : l'usufruit de la donation est accordé à la première génération, puis il passe successivement aux autres générations. C'est le fondateur qui désigne la période dans laquelle jouit une génération donnée de la donation et précise la date du transfert du *waqf* d'un groupe à un autre, dans le texte de la *waqfiyya.*

C'est le cas, par exemple, d'Al-Sayed Bāš Šāweš Kān wālī b., le défunt wālī al-Turkī qui était le *Kāhya* (lieutenant-gouverneur) de la Kasbah et qui a immobilisé en 1744 (1157 AH) deux *henchirs* à Manzel Nasr et Manzel Wāsel au profit de ses enfants : Ḥammūda, ʿAli et ʿAyša, et des enfants à naître, en appliquant les règles de l'héritage, ensuite au profit de ses petits-enfants et ses arrière-petits-enfants jusqu'à l'extinction de la descendance[179].

Le fondateur impose que la première génération jouisse de l'usufruit et la deuxième n'a le droit de succéder à la donation qu'au cas où l'usufruitier serait mort et que son enfant l'hériterait. Or, si l'usufruitier n'a pas de

---

179 A.N.T., Série C2, « *Waqfs* Ḥussīn Bāy », registre n° 3992, p. 369.

descendance, sa part du *waqf* ira à ses proches. Le *waqf* passera à la dernière destination qu'est la nouvelle mosquée Ḥussin Bāy.

Il en est de même pour la fondatrice, Fātma bint, le défunt Muḥammad al-Tsiʿī, qui a aliéné en 1891(1309 AH) la moitié de sa maison, avec entrée à l'ouest, à son profit et puis, en faveur de sa fille ʿAyša bint al-Ḥāğ Muḥammad b. ʿAyed al-Andalusī, ensuite en faveur de toute la descendance masculine et féminine, à parts égales. La deuxième génération de la famille ne partage la donation avec la première qu'en cas de décès du dévolutaire, quand la part du *waqf* se transfère à son successeur. Si les descendants disparaissent, la donation sera accordée aux sept lecteurs de la mosquée Zaytūna[180].

Les inégalités entre les enfants dans le système du *waqf* se fait en privilégiant ou en avantageant un successeur par rapport aux autres. En effet, cette discrimination est pratiquée entre les filles ou entre les fils. Autrement dit, une fille peut être évincée du patrimoine familial, ce qui n'est pas le cas pour ses sœurs. Comme il arrive qu'un fils soit exclu de la donation *waqf* à l'inverse de ses frères. Ce manque de parité dans l'héritage n'est pas basé sur l'inégalité des sexes, mais il est basé sur d'autres facteurs comme la nature des relations qui relient les membres de la famille.

Pour compléter la description des différents types de constitution *waqf* et voir quelle place ils réservent aux femmes, il nous reste à considérer un autre volet de cette étude à savoir le droit de transmission. Dans quelles conditions les femmes peuvent-elles bénéficier du droit à l'usufruit et aussi le transmettre ?

---

[180] A.N.T., Série C2, « *Waqfs* lecteurs de la mosquée Zaytūna », dossier 50.

2.2.3. Droit à la transmission des biens *waqfs*

Contrairement au code islamique de l'héritage qui impose un ordre fixe de succession, le principe juridique du *waqf* laisse une grande liberté au fondateur (ou fondatrice) qui a la possibilité de choisir un ou plusieurs bénéficiaires et d'en écarter d'autres. Le fondateur (ou fondatrice) d'un *waqf* peut en effet désigner librement les bénéficiaires du revenu excédentaire de sa fondation, une fois acquitté de ses pieuses dépenses.

Or, ces ayants droit étaient très souvent choisis au sein de la descendance du fondateur, selon un ordre de transmission et des règles de partage qui sont presque identiques d'un acte de *waqf* à l'autre. L'étude de ce formulaire type révèle qu'une « famille choisie » est fort différente d'une « famille légale », telle que la définissent les règles du droit islamique en matière successorale.

La transmission d'un bien ou d'un revenu, les modalités de son partage entre plusieurs ayants droit dessinent en effet avec précision les contours d'un groupe social où la position relative des individus est définie par la part qu'ils transmettent ou qu'ils reçoivent, et par la place qu'ils occupent dans l'ordre de transmission. La manière dont le patrimoine se transmet dans un milieu social quelconque met en lumière les particularités du groupe auquel appartient un individu et des personnes qu'il veut faire hériter.

Selon l'institution du *waqf*, la transmission des droits de succession se fait théoriquement en ligne agnatique. Seuls les hommes transmettent leurs droits à leurs enfants. Lorsqu'elles sont désignées comme ayants droit, les femmes bénéficient du bien seulement quand elles sont encore en vie. Il existe, néanmoins, des situations particulières prévues par le code *waqf*, où la transmission par les femmes est possible.

La transmission des biens *waqfs* se faisait en ligne agnatique, le passage d'une ligne à une autre doit d'abord utiliser un chaînon masculin, de sorte que ce soit toujours un homme qui fasse la liaison entre les ayants droit. Lorsqu'un bénéficiaire n'a pas d'enfants de sexe masculin, sa part est transmise à ses collatéraux masculins et à leur descendance. Une *waqfiyya*, construite par le *faqīh* Moḥammad Sālih b. Mlūka, le fils du vertueux saint *walī*, Sālih b. Mlūka, témoigne de cette situation. Cette personne a rendu en *waqf*, au milieu de 1846 (1262 AH), un patrimoine immobilier (انقاض الدويرية) qui a une entrée ouest restaurée auprès de la *zāwya* de Sīdī ʿAli al-Ḥattāb, en sa faveur, puis, en faveur de ses enfants : Moḥammad al-ʿAīd, de ses jeunes sœurs Mna et H̱adija et de ses enfants à naître, garçons et filles selon la règle de l'héritage musulman, stipulé dans le Coran : « Au garçon, une part comme celle de deux filles » (للذكر مثل حظ, الانثيين) ensuite, en faveur de la descendance masculine en excluant la descendance féminine.

En cas de disparition de la succession masculine, les revenus du *waqf* sont accordés aux filles et à leur descendance. Et après l'extinction des descendants, les dévolutaires du *waqf* sont finalement cinq hommes parmi lesquels leur cheikh qui se réunit avec eux dans le cimetière du *šīẖ sīdī* Aḥmed[181].

Afin d'éviter les conflits familiaux, certains pères évitent cette pratique du *waqf*. Autrement dit, ils choisissent d'utiliser le mot « *al-ḏurriya* : ذرية », qui par définition comprend les enfants des fils et des filles, au lieu du mot « *al-ʿaqab* : العقب », qui désigne les enfants des fils. Comme le montre une fondation *waqf* construite par al-Uḍbāši Muḥammad b. ʾAbdelkāder al-Turkī : ce fondateur a immobilisé, au milieu du mois de Ramadan

[181] A.N.T., Série C2, « *Waqfs* zāwiya Sīdi Nājī », dossier 129.

1709 (1121 AH), une maison à Bāb Swīqa au profit de ses enfants, filles et garçons, puis au profit de toute la descendance féminine et masculine. Après l'extinction des descendants, la dévolution du *waqf* est accordée aux récitateurs du Coran à la mosquée Zaytūna. Citons le texte :

الحمد لله اشهد المكرم الاجل علي المالك المذكور أعلاه انه حبس ووقف جميع الدار المحدودة المذكورة فيما أعلاه انه حبس على ما يتزايد له في بقية عمره من الذكور والاناث وعلى أولادهم واولاد أولادهم وذريتهم وذرية ذريتهم ما تناسلوا وامتدت فروعهم في الإسلام الذكر والانثى في ذلك سواء[182]

Par ailleurs, les fondateurs peuvent utiliser le terme « *ʿaqab* » pour désigner les « enfants des filles ». C'est ce qu'on trouve dans l'acte de *waqfiyya* de son fondateur Aḥmed b. ʿĀmir al-Masrī, l'un des descendants du saint (*wali*) Aḥmed al-Bidwī, qui a rendu inaliénable en 1786 (1200 AH) une maison, avec une entrée côté ouest, située à Bāb Mnāra. Le premier dévolutaire de la fondation est le fondateur lui-même, puis toute la descendance masculine et féminine jusqu'à extinction, selon la règle de l'héritage : « L'homme a une part deux fois plus élevée que celle de la femme ». Pour intégrer les enfants des filles de la troisième génération, le fondateur ajoute l'expression « **و يدخل في ذلك أولاد البنات في لفظ العقب** » (le terme « la succession » comprend par définition les enfants des filles). Après l'extinction des descendants, l'usufruit du *waqf* est concédé à Al-Haramayn[183].

Il est à souligner qu'il y a deux structures de la fondation du *waqf* grâce auxquelles les hommes et les femmes bénéficient de l'usufruit. La première est fondée sur la règle du *fiqh* utilisée dans la répartition de

---

[182] A.N.T., Série C2, « *Waqfs* lecteurs de la mosquée Zaytūna », dossier 9.
[183] A.N.T., Série C2, « *Waqfs* al-Ḥaramayn al-Šarīfayn », dossier 20.

l'héritage, et formulée ainsi : «للذكر مثل حظ الأنثيين ». La deuxième structure est basée sur le droit islamique qui revendique l'égalité successorale entre les hommes et les femmes. Une telle égalité est exprimée dans nos documents ainsi : « الذكر والأنثى سواء » (L'homme et la femme sont égaux), ou « للذكر مثل حظ الأنثيين» « Au garçon, une part comme celle de deux filles ».

Les dispositions juridiques du *waqf* « *muʿaqab* » diffèrent selon le terme privilégié dans la *waqfiyya.* Rappelons que généralement, les termes clés qui sont très employés dans les documents des *waqfs* sont au nombre de cinq : « الولد والعقب والبنون والذرية والنسل ». Si le fondateur dit que « j'ai immobilisé pour mon enfant, et pour l'enfant de mon enfant », ou « j'ai immobilisé pour mes enfants et les enfants de mes enfants », ces tournures permettent aux enfants des filles d'être dévolutaires du *waqf.* Selon les juristes du droit malékite, le terme « *waled* :ولد » est employé pour désigner la fille comme le garçon[184].

2.3. LE DROIT DE L'ADMINISTRATION DES BIENS *WAQFS* PAR LES FEMMES

En règle générale, les bénéficiaires des *waqfs* privés n'administrent pas directement le fonds dont ils jouissent collectivement. La gestion de ces biens est confiée à un administrateur, appelé *nāẓir, mutawwalī* ou *qayyim*. Selon l'usage, ces trois termes sont à peu près synonymes. En Tunisie, selon notre documentation, la gestion du *waqf* est confiée à un administrateur, désigné par le fondateur ou, à défaut, par le cadi local. Toutefois, on rencontre des *waqfs* administrés directement par les dévolutaires, qui gèrent en commun le fonds appartenant au *waqf* en question.

---

[184] Ibn Rāched, *op. cit.*, p. 1122.

Les actes des *waqfiyyas* nous montrent encore que l'administration du *waqf* peut être gérée par les fondateurs eux-mêmes. Les cas, que nous avons trouvés, s'appliquent aux *waqfs* fondés selon le rite hanafite. Par contre, pour les *waqfs* qui sont fondés selon le rite malékite, l'administration est directement gérée par les enfants du fondateur, ou bien par les fils de leurs enfants (*al-ʿaqab*). En règle générale, les bénéficiaires des *waqfs* privés n'administrent pas directement le fonds dont ils ont la jouissance collective.

Les documents étudiés montrent que les biens *waqfs* privés étaient gérés par de nombreuses personnes telles que le fondateur lui-même, ses enfants, le *nāḍir* du *waqf*, les proches parents, des hommes religieux (*imām* de la mosquée, par exemple) ou même les voisins. L'analyse de ces dispositions énoncées dans les actes des fondations pieuses de la ville de Tunis du XVIIIe au XIXe siècle nous montre qu'à cette époque, 76 % des administrateurs de ces *waqfs* sont effectivement désignés par leurs fondateurs. Certains stipulent que l'administrateur sera nommé par le gérant (*nāḍir*) ou (*wakīl*), et les autres veulent que cela soit fait par le cadi de la région.

Dans la plupart des cas étudiés, nous remarquons l'exclusion des femmes à gérer le *waqf*. Ces cas s'appliquent particulièrement au *waqf ḏurrī* ou *ahlī*, tel que l'administration du *waqf* qui était limitée aux enfants de sexe masculin, à la suite de leurs homologues de sexe masculin, de la première et de la deuxième génération, ou des générations suivantes.

Cependant, cela ne signifie pas que les femmes étaient complètement exclues de la gestion du *waqf*. Nous avons découvert quelques cas où le fondateur attribue l'administration du *waqf* à sa femme ou à ses filles de la première génération. Il y a quelques *waqfiyyas* (deux actes), dans le registre des *waqfs* des beys mouradites et husseinites, qui prouvent que les femmes ont été autorisées à diriger le *waqf*, mais après l'extinction totale du sexe masculin. Le premier cas est celui de Muḥammad b. ʿAli b. Yūssef al-Ḥanafī, qui a fondé en 1796 (1210 AH) un *waqf* au profit de sa fille ʿAyša et de ses enfants. Il a désigné son fils Muḥammad et leurs enfants de sexe masculin pour diriger le *waqf*, mais après ses filles[185].

Le deuxième cas est celui de Hussīn b. Yūssef al-Hanafī, qui appartient à l'armée turque. En 1766 (1179 AH), il a constitué un *waqf* et a désigné sa femme, Mbārkā bint Ḥāğ Ṣġayr al-Šanūfī, pour diriger leur *waqf*. Le fondateur stipulait que sa femme ne devrait gérer le *waqf* qu'après sa mort, à condition qu'elle reste célibataire[186].

Nous pouvons conclure que le *waqf* est l'un des moyens utilisés par les fondateurs pour protéger leurs biens de la dispersion et pour interdire à des étrangers d'avoir accès au *waqf*, notamment par la clause de l'exclusion des femmes. En même temps, c'est un moyen de construire des groupes locaux et des relations sociales. C'est dans ce contexte que Beshara Doumani a souligné que le *waqf* familial constituait un mécanisme juridique efficace pour préserver l'héritage familial de la confiscation et de la disparition. Le *waqf* est, selon elle, un excellent mécanisme pour préserver l'union de la famille et pour éviter les crises économiques et les troubles politiques, car légalement, il ne peut être confisqué. Le chercheur a également souligné que les fondateurs peuvent reproduire les hiérarchies internes de la famille, qui sont liées à divers facteurs. Le fait que le donateur stipule encore que la gestion du *waqf* concerne aussi les personnes les plus âgées[187].

---

[185] A.N.T., Série C2, registre n° 3992, p. 44.
[186] A.N.T., Série C2, « *Waqfs* lecteurs de la mosquée Zaytūna », dossier 138.
[187] Beshara, « Endowing Family », *art. cit.*, p. 12.

Conclusion générale

Nous avons tenté par cette étude, à partir de certains des documents du *waqf* privé, de démontrer la place importante de la femme dans la société de la ville de Tunis, à l'époque ottomane. Dans l'histoire du monde musulman, les femmes ont souvent utilisé cette institution pour réaliser un investissement (agriculture, immobilier, hammam, hôpital, école…) et protéger ainsi leurs biens en les faisant fructifier, tout en renonçant à la propriété individuelle. Le principe du *waqf* suppose que l'investissement ait un objectif éthique, comme il peut aussi servir à assurer la survie et la pérennité d'une famille ou d'une collectivité.

Par ailleurs, les femmes comme les hommes accèdent aux droits fonciers, soit par voie successorale, soit par la passation de contrats entre vifs (achat, vente, différents baux). Les inégalités, dont les femmes sont victimes, se situent au niveau de deux procédés. L'accès par voie successorale obéit aux règles du droit musulman ainsi qu'à des coutumes qui trouvent leur origine dans la structure patriarcale de la société bien avant la conquête de l'Islam. Les règles successorales du droit musulman ne permettent pas à la femme d'être une héritière universelle, autrement dit elle n'hérite qu'une quote-part calculée selon son lien de parenté avec le *de cujus* et peut, ainsi, en l'absence d'un frère, épuiser le reste de l'héritage, des membres mâles de la famille souvent éloignés.

Le patrimoine familial circule selon les liens de parenté et d'alliance et se transmet suivant différentes manières : héritage, partage successoral, donation entre vifs, donations testamentaires et biens *waqfs*. La voie du marché a aussi fonctionné et a permis à d'autres acteurs d'intervenir dans le marché de l'immobilier. La grande majorité des femmes propriétaires ont accédé aux biens-fonds par la voie de la gratuité, par l'héritage en tant que filles d'abord, puis en tant qu'épouses. Elles ont aussi hérité des biens en tant que mères, sœurs, etc.

Ces différentes formes de transmission étaient pratiquées par les différentes catégories sociales, chacune privilégiant une forme de transmission et de circulation des biens *waqfs* selon ses aspirations, son mode de vie et ses préoccupations, et selon la vision du donateur et de la destination qu'il voulait donner à ses biens.

Bibliographie

I. Documents d'archives

Archives Nationales Tunisiennes : Série C2

« *Waqfs* lecteurs de Coran de la mosquée Zaytūna » :

Dossier 137
Dossier 90
Dossier 116
Dossier 109
Dossier 100
Dossier 17
Dossier 50
Dossier 9
Dossier138

« *Waqfs* al-Ḥaramayn al-Šarīfayn » :

Dossier 3
Dossier 52
Dossier 42
Dossier 49
Dossier 20

« *Waqfs* zāwiya Sīdī Belḥassen al-Šādlī » :

Dossier 37
Dossier 6

« *Waqfs* zāwiya Sīdi Yaḥya al-Slīmānī », dossier 36
« *Waqfs* zāwiya Sīdi Nājī », dossier 129
« *Waqfs* Ḥussīn Bāy », régistre n° 3992

II. PRÉSENTATION DES TRAVAUX PUBLIÉS

- Abdelhariz Tarchoun, Mounira, *Sfax, ville tunisienne à l'époque ottomane : sa topographie, son histoire urbaine, sociale, économique et ses waqfs*, sous la direction de Randi Deguilhem, Aix-Marseille Université, 2018.
- Achour, Mohamed El Aziz, *Catégories de la société tunisoise dans la deuxième moitié du XIXe siècle*, Institut national d'archéologie et d'art, Tunis, 1989.
- Akkâm, Fârûq, « Des fondements de la propriété dans la jurisprudence musulmane », in : *Revue du monde musulman et de la Méditerranée*, n°s 79-80, « Biens communs, patrimoines collectifs et gestion communautaire dans les sociétés musulmanes », 1996.
- Aksoy, S., « Les systèmes de propriété foncière en Turquie », in : Jouve A.-M. (éd.), Bouderbala N. (éd.). *Politiques foncières et aménagement des structures agricoles dans les pays méditerranéens : à la mémoire de Pierre Coulomb.* Montpellier : CIHEAM (*Cahiers options méditerranéennes*, n° 36), 1999.
- Anne-Claude, Dero-Jacob, *Société et institutions traditionnelles de l'Islam, Une Introduction sociologique*, Peeters, 1995.
- Baer, Gabriel, "Woman and *Waqf*: An Analysis of the Istanbul Taḥrīr of 1546*"*, in *Asian and African studies*, vol. 17, 1983.
- Bargaoui, Sami, « Le *waqf.* Redéfinitions des appartenances et inscriptions sociales », *Institut de recherches et d'études sur les mondes arabes et musulmans*, 2015.
- Ben Achour, Mohamed Aziz, *Catégories de la société tunisoise dans la deuxième moitié du XIXe siècle*, Institut national d'archéologie et d'art, Tunis, 1989.
- Blili, Leila, « Structure et vie de famille à Tunis à l'époque précoloniale et coloniale 1875-1930 », thèse de doctorat de IIIe cycle, faculté des lettres et des Sciences humaines, Tunis, 1986.
- Boughoufala, Ouddène, « *Awqâf al-Nisâ'* : femmes et propriété immobilière en *waqf* à Miliana à l'époque ottomane », *HAWWA : Journal of Women of the Middle East and the Islamic World Gender, Law and Property Rights in the Middle East*, vol. 15, n°s 1-2, Brill, 2017.
- Chehata, Chafik, *Études de droit musulman, la notion de responsabilité contractuelle, le concept de propriété*, Presses universitaires de France, Paris, 1973.

- Christian, LOCHON ; Véronique, BODIN et Jean-Pierre, DOUMENGE (éds.), *Rôle et statut des femmes dans les sociétés contemporaines de tradition musulmane*, Actes du colloque, Paris : CHEAM, 15-16 décembre 1999.
- Clavel (Eug), *Droit musulman, Le Waqf ou Habous d'après la doctrine et la jurisprudence (Rites hanafite et malékite)*, tome 1, Imprimerie Diemer, Le Caire, 1896.
- Deguilhem, « Waqf », *Dictionnaire de la Méditerranée,* sous la direction de Albera Dionigi, Crivello Maryline et Tozy Mohamed, en collaboration avec Gisèle Seimandi, Arles : Actes Sud, DL 2016, France, 2016.
- Deguilhem, Randi, "Gender Blindness and Societal Influence in Late Ottoman Damascus", *Women who Create and Manage Pious Foundations, Hawwa*, Brill, 2003.
- Deguilhem, Randi, « Présentation du *waqf* dans l'espace islamique », dans Deguilhem, *Le waqf dans l'espace islamique. Outil de pouvoir sociopolitique*, Damas, IFEAD, 1995.
- Doumani, Beshara, "Endowing Family: *Waqf*, Property Devolution, and Gender in Greater Syria, 1800 to 1860", *Society for Comparative Study of Society and History*, vol. 40, n° 1, 1998.
- Dubesset, Mathilde, « Femmes, Féminismes, Christianisme », *Islam et laïcité*, L'Harmattan, 2007.
- Dumas, Paul, *Les populations indigènes et la terre collective ou tribu en Tunisie*, Tunis, 1912.
- Durant, Bernard, *Droit musulman, droit successoral farā'iḍ,* *فرائض*, libraire de la Cour, Paris, 1991.
- Encyclopédie de l'Islam, « *Milk* », (A. M. Delcambre), tome VII, E. J. Brill, 1993, p. 61.
- Fatiha, Talahite et Randi, Deguilhem, « Générer l'analyse des droits des propriétés, Introduction », *Cahiers du Genre, n° 62*, L'Harmattan, 2017.
- Fay, Mary Ann, "Women and *Waqf*: Towards a Reconsideration of Women's Place in the Mamluk Household", *International Journal of Middle East Studies*, vol. 29, No. 1, 1997.
- Ferchiou, Sophie, « Le système *Habus* en Tunisie : logique de transmission et idéologie agnatique, Hériter en pays musulman *habus*, lait vivant, manyahuli », CNRS, Paris, 1987.
- Ferchiou, Sophie, « Structures de parenté et d'alliance d'une société arabe : les ʿaylāt de Tunis », *Hasab wa nasab. Parenté, alliance et patrimoine à Tunis*, CNRS, Paris, 1992.

- Ferchiou, Sophie, « Catégorie des sexes et circulation des biens *habous* », *Hasab wa nasab. Parenté, alliance et patrimoine à Tunis*, CNRS, Paris, 1992.
- Gardant, M. et Kasriel, K., *Femmes du Maghreb au présent*, CNRS, Paris, 1990.
- Ghattas, Aicha, « Ishām al-mara fi awqāf fī muǧtama' madīna al-Ǧazā'ir fī al-'ahd al-'uṯmānī » (La contribution de la femme aux *waqfs* de la société de la ville d'Alger à l'époque ottomane), *al Māǧala al-Maġāribiya*, n°s 85/86, Tunis 1997.
- Hénia, Abdelhamid, « Circulation des biens et liens de parenté à Tunis (XVIIe-début XXe siècle), *Hasab wa nasab. Parenté, alliance et patrimoine à Tunis*, CNRS, Paris, 1992.
- Hénia, Abdelhamid, « Les terres mortes de la Tunisie utile et les nouvelles stratégies foncières à l'époque moderne », *Revue du monde musulman et de la Méditerranée*, n°s 79-80, 1996.
- Hénia, Abdelhamid, *Propriété et stratégies sociales à Tunis (XVI-XIXe siècles)*, Faculté des sciences humaines et sociales, Tunis, 1999.
- Housset, Louis, *Le statut des terres collectives et la fixation au sol des indigènes en Tunisie*, Paris 1939.
- Izzi Dien, Mawil Y., "Shuf'a", in *Encyclopédie de l'Islam*, Nouvelle Édition, vol. IX, E. J. Brill, Leiden, 1997.
- Jean-Philippe, Bras, « La sharî 'a et les transformations du droit dans le monde musulman », texte de la 654e conférence de l'Université de tous les savoirs donnés, 2007.
- Keddache, Mahfoud, *L'Algérie des Algériens, histoire de l'Algérie, 1830-1954*, Éditions Rocher noir, Alger 1998.
- Layish Aharon, 1995, "Bequests as an Instrument for Accommodating Inheritance Rules: Israel as a Case Study", *Islamic Law and Society, 2/3, Marriage, Divorce and Succession in the Muslim Family*, p. 282-319.
- Layish Aharon, 1997, "The Family *Waqf* and the Shar`ī Law of Succession in Modern Times", *Islamic Law and Society*, 4/3, p. 352-388.
- Lescure, Paul, *Du double régime de foncier de la Tunisie, droit musulman et loi foncière*, thèse de doctorat, Imprimerie française, Tunis, 1900.
- Luccioni, Joseph, *Le habous ou wakf : rites malékite et hanéfite*, Éditions réunies de la Vigie marocaine et du Petit marocain, Casablanca, Maroc, 1942, p. 15.
- Mercier, Ernest, *Le code du hobous ou ouakf selon la législation musulmane*, Constantine, 1899.

- Milliot, Louis, *Introduction à l'étude du droit musulman,* Recueil Sirey, Paris, 1953.
- Milliot, Louis, *Démembrement du habous ; menfa'a, gzâ, guelsâ, zinâ, istighrāq,* Paris, 1918.
- Nasr, Noureddine ; Abaab, Ali et Noureddine, Lachiheb, *Partages des terres collectives et transformation des sociétés et des modes d'occupation et de gestion des espaces : Les steppes du Sud-Est tunisien,* MEDIT N3/2000, Institut des Régions arides, Medenine, Tunisie.
- Neyestani, Mohammadreza, « Femmes, *waqf* et droit de propriété en Iran à l'époque safavide », *HAWWA: Journal of Women of the Middle East and the Islamic World Gender, Law and Property Rights in the Middle East,* vol. 15, n°s 1-2, Brill, 2017, p. 51-72.
- Pesle, *La donation dans le droit musulman (Rite malékite),* Éditions Félix Moncho, Rabat, Maroc, 1933.
- Petry, C., "Class Solidarity versus Gender Gain: Women as Custodians of Property in Later Medieval Egypt", *in* Keddie, N. and Baron, B. (eds.), *Women in Middle Eastern History,* New Haven, USA, Yale University Press, 1991.
- Poncet, Jean, *La colonisation et l'agriculture européenne en Tunisie depuis 1881,* étude de la géographie historique, Paris, Mouton, Co Lahaye, 1966.
- Powers David, S., "The Maliki Family Endowment : Legal Norms and Social Practices", *International Journal of Middle Eastern Studies,* 35, 1993.
- Rāġib, Yūsuf, « La parole, le geste et l'écrit dans l'acte de vente », Arabica, T. 44, fasc. 3, *Voix et Calame en Islam médiéval,* Brill, Leiden, 1997.
- Renata, Ago, « Femmes et droits de propriété (Rome, XVIIe siècle) », *Femmes, dots et patrimoines,* Clio, n° 7, 1998.
- Sophie, Ferchiou, *Hasab wa nasab. Parenté, alliance et patrimoine à Tunis,* Paris, CNRS, 1992.
- Souriau, Christiane, « La question des femmes fonctionne comme un pivot de l'histoire sociale au Maghreb », *Femmes du Maghreb au présent,* CNRS, Paris, 1990.
- Sroor, Musa, « La propriété immobilière des femmes musulmanes de Jérusalem (1831-1841), Entre la reconnaissance et la spoliation », *HAWWA : Journal of Women of the Middle East and the Islamic World Gender, Law and Property Rights in the Middle East,* vol. 15, n°s 1-2, Brill, 2017.

- Sroor, Musa, *Fondations pieuses en mouvement. De la transformation du statut de propriété des biens waqfs à Jérusalem (1858-1917)*, Institut français du Proche-Orient, 2010.
- Terras, Terras, « Essai sur les biens *habous* en Algérie et en Tunisie, étude de législation coloniale », thèse de doctorat, Imprimerie et lithographie du Salut Public, Lyon, 1899.
- Valensi, Lucette, *Fallahs tunisiens : l'économie rurale et la vie des campagnes aux XVIIIe et XIXe siècles*, Paris, 1977.
- Young, M. J. L., "*Musāḳāt*", in : Encyclopédie de l'Islam, Nouvelle Édition, vol. VII, E. J. Brill, Leiden, 1992.

GLOSSAIRE

A

ʿala al-ruʾūs .... constitutions *waqfs* de type individuel
ʿalā al-ṭabaqāt .... transmission fondée sur l'ordre générationnel
ʿaqab .... descendance d'un homme par les mâles
ʾarḍ .... terre
ʿaṣab .... les agnats
awlād .... les enfants
ʿāyla .... la famille

B

bayt .... pièce d'habitation du rez-de-chaussée
beylik .... terres qui appartenaient au domaine public

D

dār .... une maison
ḏawī al-qurbā .... les proches parents

F

Faddān .... unité d'exploitation de terre
Faqīh / fuqahāʾ .... juriste musulman, spécialiste du *fiqh*
faqīr/fuqarāʾ .... pauvres
farāʾiḍ .... lois et règles de dévolution successorale
fatwa .... consultation juridique
fiqh .... jurisprudence musulmane

G

Gāba .... forêt
ğamāʿa .... la communauté

H

ḥadīṯ .... recueil des actes et des paroles de Mahomet
hakim schar' .... juge de la communauté musulmane
ḥammām .... bain public
ḫammās .... bail de fermage coutumier

ḥanafī .... les membres de l'école hanafite
ẖanfūsa .... paraphes des notaires
ḥānūt .... boutique
Ḥaramay al-Šarrifayn .... La Mecque et Médine
ḥawz wa qubūl .... acceptation et prise de possession
hiba .... donation entre vifs
hinšīr .... parcelles de terre
ẖūğğa .... document juridique
ḥūma .... quartier

I

iğmāʿ .... consensus des experts
ʿilm .... science

M

madrasas .... école
maẖzan .... partie extérieure de la maison
maristān .... hôpital
mawāt .... terres mortes
mawqūf .... objet du *waqf*
mawqūf alayhi .... bénéficiaire du *waqf*
milk .... propriété privée
miri .... terres vivantes ou productives
mu'āwada .... échange
muġārasa .... bail à complant
muḥtaseb .... comptable
musaqā .... colonage partiaire

N

Nāğār .... charpentier
nāsirī .... monnaie d'argent
nāẓir .... contrôleur du *waqf*
Nisba .... nom de relation

Q

Qasṣāb .... boucher
qaṭʿa .... morceau de terre
qiyās .... les analogies
qurāʾ al-sabaʿ .... sept lecteurs qui lisent quotidiennement le Coran

R

rasm .... acte notarial
riyāl .... ancienne monnaie

S

Ṣabāġ .... personne qui teint les textiles
sabîls .... point d'eau
Sadaka .... donation aumônière

šahāda .... preuve testimoniale (le témoignage)
šahādat ʿudūl .... acte authentique du notaire
ṣānaʿ .... une profession
Sāniya .... parcelle qui contient plusieurs espèces d'arbres
Šarīʿā .... loi religieuse
šarīf (chérif) .... descendants du Prophète
šayḫ al-Islām .... le grand mufti
siǧīl .... registre
šrāk .... parcelle de terrain ayant une unité de propriété
šrāk., qaṭʿa, buqʿa .... morceau de terre
šufʿa .... droit de préemption
šuhūd .... témoins du tribunal
šurūṭ .... conditions du *waqf*

T

ṭabaqah ʾal suflā .... la génération inférieure
ṭabaqah ʾal ʿulyā .... la génération supérieure
tāǧir .... commerçant
turkī .... nom de relation *turkī* désignant la fonction militaire

U

ʿulamāʾ .... les savants
ʿulwī .... pièces qui sont construites au-dessus des bâtiments

W

wakāla .... bâtiment commercial, destiné aux voyageurs
Waqf .... fondation pieuse
Waqf ahlī ou durrī .... *waqf* dont les bénéficiaires sont membres
Waqf ḫāṣ .... *waqf* privé
Waqf Ḫayrī .... *waqf* dont les bénéficiaires sont des institutions religieuses
Waqf muštarak .... *waqf* mixte (privé ou public)
Waqfiyya .... acte de fondation d'un *waqf*
waṣiya .... legs
waṯiqat ʾistirʿāʾ .... document notarié

Z

Zāwiya .... lieu religieux des saints

TABLE DES MATIÈRES

Structures éditoriales du groupe L'Harmattan

L'Harmattan Italie
Via degli Artisti, 15
10124 Torino
harmattan.italia@gmail.com

L'Harmattan Hongrie
Kossuth l. u. 14-16.
1053 Budapest
harmattan@harmattan.hu

L'Harmattan Sénégal
10 VDN en face Mermoz
BP 45034 Dakar-Fann
senharmattan@gmail.com

L'Harmattan Cameroun
TSINGA/FECAFOOT
BP 11486 Yaoundé
inkoukam@gmail.com

L'Harmattan Burkina Faso
Achille Somé – tengnule@hotmail.fr

L'Harmattan Guinée
Almamya, rue KA 028 OKB Agency
BP 3470 Conakry
harmattanguinee@yahoo.fr

L'Harmattan RDC
185, avenue Nyangwe
Commune de Lingwala – Kinshasa
matangilamusadila@yahoo.fr

L'Harmattan Congo
67, boulevard Denis-Sassou-N'Guesso
BP 2874 Brazzaville
harmattan.congo@yahoo.fr

L'Harmattan Mali
ACI 2000 - Immeuble Mgr Jean Marie Cisse
Bureau 10
BP 145 Bamako-Mali
mali@harmattan.fr

L'Harmattan Togo
Djidjole – Lomé
Maison Amela
face EPP BATOME
ddamela@aol.com

L'Harmattan Côte d'Ivoire
Résidence Karl – Cité des Arts
Abidjan-Cocody
03 BP 1588 Abidjan
espace_harmattan.ci@hotmail.fr

Nos librairies en France

Librairie internationale
16, rue des Écoles
75005 Paris
librairie.internationale@harmattan.fr
01 40 46 79 11
www.librairieharmattan.com

Librairie des savoirs
21, rue des Écoles
75005 Paris
librairie.sh@harmattan.fr
01 46 34 13 71
www.librairieharmattansh.com

Librairie Le Lucernaire
53, rue Notre-Dame-des-Champs
75006 Paris
librairie@lucernaire.fr
01 42 22 67 13

www.ingramcontent.com/pod-product-compliance
Lightning Source LLC
LaVergne TN
LVHW051404061026
849535LV00009B/3350
9782343232669